Erich Maria Remarque Jahrbuch/Yearbook XIX (2009)

Erich Maria Remarques militanter Pazifismus und die deutsch-europäische Friedens- und Kulturpolitik heute

Beiträge zur Internationalen Tagung
der Erich Maria Remarque-Gesellschaft
in Zusammenarbeit mit der
Kurt Tucholsky-Gesellschaft
Osnabrück, 31. Oktober – 2. November 2008

Herausgegeben von Thomas F. Schneider
im Auftrag des
Erich Maria Remarque-Friedenszentrums Osnabrück

V&R unipress
Universitätsverlag Osnabrück

– Veröffentlichung des Universitätsverlags Osnabrück bei V&R unipress –

Impressum
Erich Maria Remarque-Jahrbuch/Erich Maria Remarque-Yearbook No. 19/2009
Erich Maria Remarques militanter Pazifismus und die deutsch-europäische Friedens- und Kulturpolitik heute. Beiträge zur Internationalen Tagung der Erich Maria Remarque-Gesellschaft in Zusammenarbeit mit der Kurt Tucholsky-Gesellschaft.
Osnabrück, 31. Oktober – 2. November 2008

Herausgegeben von Thomas F. Schneider
Erich Maria Remarque-Friedenszentrum
Erich Maria Remarque-Archiv/Forschungsstelle Krieg und Literatur
der Universität Osnabrück
Redaktion: Nadja Bengsch, Claudia Glunz, Christina Habbe,
Thomas F. Schneider, Tilman Westphalen

Bibliografische Information Der Deutschen Bibliothek

Die Deutsche Bibliothek verzeichnet diese Publikation in der Deutschen Nationalbibliografie; detaillierte bibliografische Daten sind im Internet über <dhttp://dnb.dbb.de> abrufbar.

1. Aufl. 2009

Gedruckt auf säurefreiem, total chlorfrei gebleichtem Werkdruckpapier. Alterungsbeständig.
Printed in Germany

ISSN 0940-9181
ISBN 978-3-89971-746-4

Inhalt

Tilman Westphalen

Einführung zur Tagung (31.10.2008)

Sehr geehrte Frau Vizepräsidenten, liebe Frau Schücking, sehr geehrte Damen und Herren, liebe Freundinnen und Freunde Remarques, liebe Gäste in unserer Friedensstadt Osnabrück.

Der Präsident des Europäischen Parlaments, Prof. Hans-Gert Pöttering, ist Schirmherr dieser Tagung, die er als einen »wegweisenden Schritt zum Frieden in Europa und der Welt« würdigt. Leider ist er durch wichtige Termine verhindert, heute persönlich hier zu sein. Er wünscht unserer Veranstaltung einen »vollen Erfolg«. Unser Tagungsthema lautet: *Erich Maria Remarques militanter Pazifismus und die deutsch-europäische Friedens- und Kulturpolitik heute* unter dem Motto des Remarque-Zitats *Wann wird zum Mord, was man sonst Heldentum nennt?*

Unser Osnabrücker Oberbürgermeister Boris Pistorius hat bei der Wiederbelebung des Antikriegstags in Osnabrück durch die Remarque-Gesellschaft und den DGB-Bezirk Osnabrück am 1. September 2008 auf dem Domvorplatz in seiner Ansprache gesagt:

> Kriege haben längst nicht nur territoriale Ursachen. Vielmehr ist es die weltweite Ungerechtigkeit in der Verteilung der natürlichen, materiellen und immateriellen Güter, die zu Armut, Unterentwicklung, Flucht und Terror führen.

Und zum Internationalen Tag der Armutsbekämpfung am 17. Oktober 2008 heißt es in einer Verlautbarung der Stadt Osnabrück, verbunden mit dem Aufruf STAND UP: »Die gerechte Verteilung der materiellen und natürlichen Ressourcen ist eine Voraussetzung für dauerhaften Frieden.« Ohne unser Bewusstsein und Handeln mit Bezug auf die »globalen Disparitäten zwischen Armut und Reichtum« zu schärfen, ist eine friedlichere Welt nicht vorstellbar.

Bei der Frage von Krieg und Frieden, die wir auf dieser Tagung unter dem Aspekt von Remarques *militantem Pazifismus* diskutieren, wird es außerordentlich wichtig sein, diese Grundtatsache nicht aus den Augen zu verlieren. Dass wir weder eine gerechte Welt noch eine faire Verteilung der Güter haben und dass das Führen von Kriegen nach wie vor ein entscheidendes Mittel im Kampf um diese Güterverteilung ist, kann man kaum bezweifeln, wie auch immer das Kriegführen begründet sein mag, z.B. durch »Demokratie bringen«, notwendiges »Nationbuilding«, »humanitäre Interventionen«, Sicherung von Wirtschaftsressourcen, Ölquellen, geostrategische Überlegungen für Militärbasen der Großmächte, insbesondere der USA, in allen Teilen der Welt.

Es ist erfreulich, dass in dieser Stadt Osnabrück, die sich im Konsens mit ihren Bürgern inzwischen seit etlichen Jahren »Friedensstadt« nennt, die Bewusstseinsschärfung für die Probleme von Krieg und Frieden, Gerechtigkeit, Menschenrecht und Menschenwürde auf der Agenda steht.

Diese Tagung hat *nicht* zum Gegenstand: das Horror-Szenario der kapitalistischen Finanzmarktkrise der Welt und die daraus folgenden ökonomischen Konsequenzen; sie hat *nicht* zum Thema: den Welthunger, bei dem alle drei Sekunden ein Mensch, vornehmlich Kinder, an Armut, Krankheit und Hunger sterben; sie hat *nicht* zum Thema: ob und wie das Milleniums-Ziel der Halbierung des Hungers auf der Welt bis 2015 durch die Aktivitäten der Staaten der Ersten Welt erreicht werden kann; sie hat *nicht* zum Thema: wie die nach wie vor geltenden Exportsubventionen für Lebensmittelausfuhren in die Dritte Welt dazu beitragen, dass sich die Situation dort ständig verschärft. *Nicht* zu vergessen, die sich anbahnende weltweite Klimakatastrophe mit ihren ökonomischen und politischen Konsequenzen.

Auf dieser Tagung wollen wir, die Veranstalter der Erich Maria Remarque-Gesellschaft unter aktiver Mitwirkung der Kurt-Tucholsky-Gesellschaft, eine Diskussion über das Thema Krieg und Kriegführen bestreiten mit dem nach wie vor aktuellen, weltbekannten Antikriegsschriftsteller Erich Maria Remarque unter dem Motto des Zitats von *Mord* und *Heldentum*. Es stammt aus seinem Russlandkriegsroman *Zeit zu leben und Zeit zu sterben* (1954), in dem der deutsche »Raubmordüberfall« auf die Sowjetunion und die Verbrechen der Wehrmacht und der Gestapo bei der Kriegführung ebenso wie das Leiden der Deutschen unter dem Bombenkrieg in der »Heimat« beschrieben werden.

Dies soll auf dieser Tagung kein nur literarisch-akademischer Diskurs sein, sondern es ist zu überprüfen, ob die weltweit nach wie vor ständig gelesenen Antikriegspositionen in Remarques Romanen und Texten in den Köpfen der Leserinnen und Leser etwas bewirken können. Selbst wenn diese Wirkung in den Köpfen – trotz aller Fortschritte der Neurowissenschaften – noch nicht »messbar« ist, sind wir verpflichtet, das Mögliche zu tun, um das Bewusstsein durch eigene Reflexion eines jeden Einzelnen zu schärfen. Z.B. das Bewusstsein des normalen Steuerzahlers, der einen Großteil seines Steueraufkommens nach wie vor in Militär und Rüstungsausgaben steckt: für uns Deutsche durch unsere demokratisch gewählte und legitimierte Regierung und den Bundestag, der jüngst mit großer Mehrheit erneut den Krieg in Afghanistan zu unterstützen beschlossen hat, einen Krieg (auch wenn man versucht, ihn nicht so zu nennen), dem »gleichgültige Kleinbürger«, wie Remarque sie einmal genannt hat, achselzuckend zuschauen oder einfach wegsehen. »Was geht es mich an?« (Remarque in *Arc de Triomphe*) – obgleich dieser Krieg, wie selbst etliche Generäle einräumen, *militärisch* nicht zu gewinnen ist.

In einem Interview 1946, noch unter dem Eindruck der Katastrophe des Zweiten Weltkriegs, formulierte Remarque es einmal so: »Es gibt keine wirkliche Völkererziehung durch die Macht fremder Völker.«

Das Militär, das zumindest immer von Teilen der Bevölkerung als Besatzung angesehen wird, nicht zuletzt wegen der »unvermeidlichen« großen Anzahl von unschuldigen Ziviltoten, auch »Kollateralschäden« genannt, kann nicht, wie Remarque es ausdrückt, »ein ganzes Volk umerziehen«. Er sagt dies natürlich bezogen auf die europäische Situation nach 1945, wobei Jedermann klar ist, dass Irak, Iran und Afghanistan mit der damaligen Situation nicht so ohne Weiteres vergleichbar sind. Dies gilt natürlich auch für die harte israelische militärische »Besatzungsdiktatur« in Palästina.

Die Referenten unserer Tagung haben sich in vielen Bereichen derzeitiger Konflikte kundig gemacht und werden von ihren Einsichten und Positionen über die Probleme berichten wie z.B. Michael Daxner über humanitäre Interventionen in Afghanistan ebenso wie der GRÜNE Militärexperte Winfried Nachtwei (»Die Frage des Pazifismus an Hand des Bundeswehreinsatzes in Afghanistan«) oder Andreas Schäfter/Enne Schmidt über die »Angst vor dem Frieden?« in innereuropäischen Konflikten von »Separatisten« z.B. im Baskenland. Dass Krieg führen maßgeblich gestützt und zum Teil erst durch die Medien ermöglicht wird, gilt heute als Binsenweisheit. Dirk Sager mit seiner intensiven Tschetschenien/Russland-Erfahrung versucht Kriegsberichterstattung und Feindbilder-Erzeugung in einen kausalen Zusammenhang zu setzen. Hans-Jürgen Rose, (immer noch) Oberstleutnant in der Bundeswehr, wird die Maxime des Verbots des Angriffskrieges in unserem Grundgesetz aufgreifen und kritisch messen am internationalen NATO-Einsatz unseres Militärs (»Die deutsche Militärpolitik und das Grundgesetz«).

Die historische Dimension vom Westfälischen Frieden bis heute zeigt Ian King von der Kurt-Tucholsky-Gesellschaft auf, wobei er immer wieder die Frage stellt: »Kann ein Krieg Schlimmeres verhüten?« Schließlich bemühen sich Siegfried Hummel und Lioba Meyer um den Nachweis, was eine selbstbewusste Bürgergesellschaft zur Frage von Krieg und Frieden *lokal* beitragen kann. Hierbei geht es nicht um »blauäugigen Idealismus«, sondern um Aufbau von Antikriegsbewusstsein und Antikriegshandeln von unten, wenn es sein muss, auch gegen die offizielle Politik der jeweiligen Regierungen. Dies gilt auch für die Kommune, d.h. für die Lokalpolitik und die ständige Weigerung des Rates der »Friedensstadt« Osnabrück zu Menschenrechtsverletzungen bei Konflikten in der Welt, sei es in Nah-Ost oder Afrika, Stellung zu nehmen. (Allerdings ist eine Tibet-Erklärung zur chinesischen Unterdrückungspolitik eine seltene Ausnahme des Rates, die wir begrüßen, ein Teil der Ratspolitiker aber als »Fehler« bedauert.)

Der Vorsitzende der Heinrich-Heine-Gesellschaft, Joseph Anton Kruse, wird über das Heine-Zitat »Soldaten im Befreiungskrieg der Menschheit« reflektieren. Auf Remarque bezogen führt er die Diskussion bis in die Gegenwart fort. In einem Beitrag zum 75. Jahrestag der Bücherverbrennung hat Joseph Anton Kruse gesagt:

> Literatur beschreibt und warnt, aber ändert kaum etwas, ja wirkt vergeblich. Wenige Jahre nach dem Erscheinen dieses Romans [*Im Westen nichts Neues*] aus Widerstand und Humanität setzten in Deutschland neue Kriegsbemühungen mit noch gewaltigeren Folgen für Leib und Leben für Millionen von Menschen ein. Lernen wir nichts hinzu?

Das Bemühen dieser Tagung wird es sein, *hinzuzulernen*, denn – um nochmals unseren Oberbürgermeister in seinem Beitrag zum Antikriegstag am 1. September 2008 zu zitieren:

> Kriege sind schrecklich, gnadenlos und grausam. Sie können weder *heilig* noch *gerecht* sein. [Hervorhebung vom Vf.]

Was sind sie dann, wenn sie weder *heilig* noch *gerecht* sind? Sind sie unvermeidbar, gar notwendig oder sind sie unausrottbarer Bestandteil der menschlichen Natur? Oder geht es doch nur um tatsächliche oder erhoffte Vorteile im Kampf mit anderen Nationen, Ethnien, Kulturen? Ist der Weltterrorismus nur eine Antwort auf den zumindest ökonomischen Weltimperialismus?

Die Rede des Oberbürgermeisters an die jungen Menschen in dieser Stadt am Antikriegstag, endet mit einem Satz aus dem schon erwähnten Remarque-Beitrag von 1946: »Man muss an die Zukunft glauben, an eine bessere Zukunft. Die Welt will Frieden.«

Das Original-Zitat Remarques geht an dieser Stelle weiter, und erlauben Sie mir, auch diese Zeilen zu zitieren:

> Die Welt will Frieden. *Trotz gewisser Politiker.* Und die Welt will wieder Dinge haben, an die sie glauben kann. Hier liegt die Aufgabe des Zeitschriftstellers. Sie zu finden, sie darzustellen. Es sind wie immer, die einfachsten Probleme: Menschlichkeit, Verständnis, Fortschritt, Hilfsbereitschaft. Der Mensch ist gut, trotz allem. Sonst wäre die Atombombe die einfachste Lösung. [Hervorhebung vom Vf.]

Dies ist, wie gesagt, ein Beitrag Remarques aus dem Jahre 1946 zu unserer Thematik »Wann wird zum Mord, was man sonst Heldentum nennt?« und was heißt *militanter Pazifismus* heute? Was bedeutet das für die damit verbundene Frage nach der *Verantwortungsethik* des heutigen Führens und Unterlassens von Kriegen?

Wie weit anthropologische Konstanten wie z.B. das so genannte »unausrottbare Böse« in der Gattung Mensch, von Remarque richtig oder falsch eingeschätzt werden, ob es nur blauäugiger Idealismus und politisch nicht praktikable *Gesinnungsethik* ist, der Friedens-Vernunft eine Chance einzuräumen? Dies sollte Herausforderung an alle Referenten und Teilnehmer der Tagung sein, damit auf dem Abschlusspodium am Sonntag im Sitzungssaal des Rathauses die lokale Friedensagenda um mögliche neue Einsichten und Bewusstseinshaltungen erweitert wird.

Kann Osnabrück die Friedensstadt eines für die Jetztzeit neu zu bestimmenden *militanten Pazifismus werden*? Soll sie das und will sie das?

Abschließend noch einige Hinweise: Gestern Abend erreichte uns die Nachricht, dass Uri Avnery von seinem Arzt Reiseverbot erhielt und heute nicht hier sein kann. Wir wünschen Uri und seiner Frau Rahel, beide Ehrenmitglieder der Remarque-Gesellschaft, schnelle Genesung und weiter Kraft und Energie für die gerade im Nahen Osten unabdingbare Friedens- und Antikriegsarbeit des Remarque-Friedenspreisträgers dieser Stadt von 1995, jetzt im »biblischen« Alter von 80plus-Jahren. Ellen Rohlfs, der die Remarque-Gesellschaft gestern die Ehrenmitgliedschaft verliehen hat, wird Uri Avnery mit einem Beitrag über die derzeitige Israel-Palästina-Situation vertreten, und wir werden 10 aktuelle Thesen von Uri Avnery zum Konflikt verlesen. Ellen Rohlfs weiß durch ständige Zusammenarbeit mit Uri, was er wohl sagen würde, wenn er hier wäre. Eine weitere Nachricht: Leider hat Marcel Pott aus persönlichen Gründen ganz plötzlich absagen müssen, was er – und wir natürlich – außerordentlich bedauern. Der Vortrag wird ersetzt durch den Beitrag von Heiner Placke (Mitglied des Vorstands der Remarque-Gesellschaft) mit der Fragestellung: »Einstein und Remarque: zwei militante Pazifisten?«.

Die stellvertretende Vorsitzende der Remarque-Gesellschaft Lioba Meyer und der Vorsitzende, das bin zur Zeit ich, werden versuchen, die Moderation entsprechend zu gestalten. Es geht darum, die Impulse der Referate in einer argumentativen Diskussion aufzugreifen, z.B. in der Fragestellung: »Ist ein blauäugiger Pazifismus des ›Gutmenschen‹ Remarque heute überhaupt noch aktuell und in irgendeiner Weise wichtig für Friedenspolitiker und Friedenspolitik?« – Ist eine Neubestimmung des Begriffs *militanter Pazifismus* im Zeitalter asymmetrischer Kriegführungen und humanitärer Interventionskriege möglich und politisch sinnvoll?

Kann Osnabrück zur »Friedensstadt« eines neu definierten *militanten Pazifismus* werden?

Lassen Sie mich schließen mit einem Shakespeare-Zitat: »Wer sein Heil in echtes Blut getaucht, der findet nur ein unecht blutig Heil.« (*König Heinrich V.*).

Tilman Westphalen

Ultima irratio – Remarque, die Stadt und der Frieden

I Erich Maria Remarque: vom »unpolitischen Beobachter« zum »militanten Pazifisten«

> Eine Minderheit diktiert, befiehlt der großen Mehrheit: Jetzt ist Krieg.
> (1918, Tagebuch)

Helmut Schmidt wurde nach seiner Rede zum 20. Juli 2008 in den Medien mit den Worten zitiert: »Bellizisten nicht gebannt«. Er sähe durchaus die Gefahr eines deutschen Rückfalls in eine kriegerische Politik, die nicht dauerhaft gebannt sei. »Zwar glauben viele, unser heutiger Friede sei doch selbstverständlich«, so Helmut Schmidt beim Bundeswehrgelöbnis vor dem Reichstag. »Aber seit Jahrhunderten haben wir Deutschen uns keineswegs als eine sonderlich friedfertige Nation erwiesen.«

In einem Interview bei Frau Maischberger (WDR, 01.08.08) spricht Helmut Schmidt ausdrücklich von der »großen Scheiße des Krieges«, drastisch, realistisch, wie Erich Maria Remarque, den er in diesem Interview lobte mit den Worten, *der* habe alles schon gesagt, als Schriftsteller, aber er sei natürlich kein Politiker gewesen. Heute hätten wir eine politische Führung, die nicht mehr wisse und persönlich am eigenen Leib erfahren habe, was Krieg sei! Und er merkt kritisch an: »Alle Interventionen haben dem Frieden viel weniger genutzt, als die dafür Verantwortlichen geglaubt haben.« Gemeint sind u.a. »humanitäre Interventionen« oder das Konzept »Befreiung zur Demokratie« durch Kriegführen!

Helmut Schmidt ist, zumindest in seinem jüngsten Buch *Außer Dienst. Eine Bilanz* ein absoluter Verfechter des Völkerrechts, seit 1945 kodifiziert in der Charta der Vereinten Nationen, die jede gewaltsame Einmischung von außen in die Angelegenheiten eines Staates verbietet, wobei allein der UN-Sicherheitsrat eine Ausnahme von dieser *Grundregel* beschließen kann. Es sei zwingend notwendig, eine »ganze Reihe einflussreicher Regierungschefs, ihre Außenminister und deren Vertreter im Sicherheitsrat« an diese Grundregel zu erinnern. Schmidt bezieht sich hierbei besonders auf die militärische Intervention im Irak 2003 (noch dazu lügenhaft begründet), die eindeutig ein Verstoß gegen das Prinzip der Nichteinmischung und ein eklatanter Verstoß gegen die Satzung der UN sei wie auch die deutsche Beteiligung am Jugoslawien/Kosovo-Krieg:

> Die Bomben auf Belgrad haben gezeigt, wie schnell aus einer so genannten humanitären Intervention eine brachiale Verfolgung eigener machtpolitischer Interessen wird – das kommt dabei heraus, wenn man anfängt, sich einzumischen.
> (*Außer Dienst*, 326)

Ich glaube nicht, dass man Helmut Schmidt einen »blauäugigen Pazifisten« nennen kann, was man dem »Gutmenschen« Remarque ja immer wieder vorgeworfen hat. Dieser schrieb schon 1918 in seinem Tagebuch (24.08.1918):

> Ist dieser Krieg nicht eine tolle Verkehrung der Natur? Eine Minderheit diktiert, befiehlt der großen Mehrheit: Jetzt ist Krieg! Ihr habt auf alle Pläne zu verzichten, sollt roheste und brutalste Tiere werden, sollt zum fünften Teil sterben? Sollte man glauben, dass das vorkommt?

Ausführungen zu einer *pazifistischen* Politik finden sich in dieser Frühzeit bei Remarque genau so wenig wie dann bei der Kristallisation seines Antikriegsdenkens in *Im Westen nichts Neues*. Remarque war in der Tat zu diesem Zeitpunkt (1928/29) nach seinem eigenen Verständnis »unpolitisch«. Er sah sich als einfachen Menschen mit gesundem Menschenverstand, der das, was er erlebte, für den letzten Irrsinn hält und nur sagt, was es ist. Denken und Schlussfolgern müssen die Menschen, die diesen Bericht lesen und sich dazu ihre eigenen Gedanken machen. In der Weimarer Zeit, nach Erscheinen von *Im Westen nichts Neues*, war er in der Tat im Rahmen der Aktivitäten der seinerzeitigen Friedensbewegten eine »taube Nuss«, wie dies vor allem linksliberale Kritiker wie Ossietzky und Tucholsky ihm vorwarfen. Er hat sich zu diesem Zeitpunkt, wie er das sah, jeder »politischen Instrumentalisierung« verweigert.

Diese Position vertritt Remarque durchaus glaubwürdig in den zahlreichen Interviews nach dem Erscheinen von *Im Westen nichts Neues*. Es brachte ihm im Übrigen auch eine massive Kritik der sozialistisch/kommunistischen Linken ein, die z.B. in der *Roten Fahne*, dem Zentralorgan der KPD in der Weimarer Republik, Remarque als naiven, nicht denkenden Autor hinstellte, der die wahren Ursachen des Krieges, nämlich die Ausbeutung der Menschheit durch den »Kapitalismus« nicht erkennt und damit auch keine Chance hat, aktiv den Frieden politisch mit zu gestalten.

Dennoch wurde *Im Westen nichts Neues* zum wirksamsten Instrument der Antikriegspropaganda und der Antikriegsaktivitäten dieser Zeit überhaupt und ist es heute immer noch.

Im Exil in den USA nahm Remarque eine neue Position ein, die des *militanten Pazifismus*, in klarem Widerstand gegen den Nazistaat und seine Kriegsvorbereitungen und Kriegführung, die zwangsläufig zur Abwehr durch Krieg der »Demokratien« führen müsse, die von dem Nazismus überrollt zu werden drohten. Hiergegen war eine organisierte Notwehr unvermeidlich – und er verfolgt in seinen Tagebüchern seit 1938 die Kriegsvorbereitungen und die Kriegsereignisse vom Siegeszug Hitlers in Europa bis zu seiner vernichtenden Niederlage 1945 mit ständigen Kommentaren und großer Erwartungshaltung auf den endlich zu erringenden Sieg über die Faschisten. In diesem Zeitrahmen wurde ihm ab 1942 eine Mitwirkung in der US-Armee in einer Propagandakompanie angeboten, um dort mit Schrift und Rede gegen das Nazireich anzutreten und für die Befreiung hiervon tätig zu werden. Das lehnte er ab, weil, wie er im Tagebuch schreibt, sich nicht in den militärischen »Unterordnungszwang« begeben wollte. Aber im September 1944 war er dann bereit, im Zusammenwirken mit dem OSS (Office of Strategic Services, später CIA) eine Denkschrift anzufertigen, die die notwendige Politik gegenüber Deutschland und in Deutschland nach 1945 aus seiner Sicht beschreibt. Sie sieht eine langjährige Oberhoheit der Alliierten über den deutschen Staat vor und nötigt die Deutschen selbst zur Aufarbeitung ihrer verbrecherischen Geschichte. Hierbei ist es Aufgabe der Künstler, vor allem der Schriftsteller, die Vergangenheit in ihren Werken darzustellen, damit ein entsprechender Lerneffekt in den Köpfen der Deutschen erzielt werden sollte, im Bewusstsein und Handeln der Deutschen, die überwiegend, aber keineswegs alle, Nazis waren oder mit ihnen sympathisierten.

Gemäß seinem Programm in der Denkschrift *Practical Educational Work in Germany after the War* hat Remarque dann seine Arbeiten gestaltet, zunächst mit seinem ersten Nachkriegsroman *Der Funke Leben* (1952) in Erinnerung an seine durch Freislers Volksgerichtshof wegen »Wehrkraftzersetzun« hingerichtete Schwester Elfriede Scholz. Er schildert die deutschen KZ-Greuel, aber auch den Widerstand im KZ gegen diese Nazi-Pest, wobei er den Bombenkrieg gegen die Stadt Mellern (als Stadtbild ähnlich wie Osnabrück) für die Häftlinge als unbedingt notwendige Befreiungsaktion sieht, aber die davon betroffenen Leiden der Zivilbevölkerung in gleicher Weise gewichtet. Es besteht für Remarque aber kein Zweifel, dass die deutsche Niederlage auch mit solchen Mitteln herbeigeführt werden muss. Dies setzt sich fort in seinem Russlandkriegsroman *Zeit zu leben und Zeit zu sterben* (1954), aus dem das Leitzitat für unsere Tagung stammt: »Wann wird zum Mord, was man sonst Heldentum nennt?« Er bezeichnet den deutschen Angriffskrieg gegen die Sowjetunion als ein Verbrechen, an dem der Protagonist Ernst Graeber gezwungenermaßen teilnimmt, hin und her gerissen zwischen »Angst und Pflichtgefühl« (wie Helmut Schmidt über seine Soldatenzeit es gesagt hat) bzw. zwischen seinem Gewissen und der Angst vor den Folgen für die Angehörigen in der Nazi-Diktatur. Ernst Graeber stirbt zum Schluss des Romans relativ friedlich, weil er keinen Ausweg aus dieser unerträglichen Situation sieht.

Der nächste Roman, *Der schwarze Obelisk* (1956), zeigt am Beispiel seiner Heimatstadt Osnabrück (die er Werdenbrück nennt) den Weg auf, den Nationalisten und Frühfaschisten – zusammen mit den »gleichgültigen Kleinbürgern« – in die mehrheitlich gewollte Nazidiktatur gehen.

Neben diesen Romanen als Chronist deutscher Geschichte schreibt Remarque 1952/53 ein bisher nicht veröffentlichtes und (außer in dem Osnabrücker Amateurtheater *die probebühne*) nicht aufgeführtes Theaterstück *Die Heimkehr des Enoch J. Jones* über die von ihm imperialistisch genannte US-Kriegsführung im Korea-Krieg. In dem Stück geht es letztendlich darum, ob »Staatsangehörige« verpflichtet sind, sich der Kriegsführung ihrer Nation zu unterwerfen, selbst wenn es offensichtlich ein »ungerechter« Krieg ist, bei dem die Ziele der Nation sich als Lug, Betrug und Täuschung durch die angebliche »Verteidigung der Freiheit« herausstellt. Wahrscheinlich hätte Remarque keine Bühne und keinen Verlag für dieses Stück in den 50er Jahren, den Jahren des Kalten Kriegs und des McCarthyismus in den USA, oder in Deutschlands Adenauer-Restauration mit der neuen und engen US-Freundschaft finden können. Aber wir wissen nicht, ob er es überhaupt versucht hat.

Sein Plädoyer geht dahin, dass die Menschen sich nicht mehr instrumentalisieren lassen, sondern, wie er es sagt, »wirkliche Menschen und keine Staatsangehörigen« mehr sein sollen und dass jeder Einzelne für sich selbst entscheidet, die Mitwirkung im Krieg (als Mittel der Politik) zu verweigern.

Zum Komplex der Aufarbeitung deutscher Geschichte gehören das Drehbuch für den Hitlerfilm *Der letzte Akt* und das folgende Theaterstück *Berlin 1945 – Die letzte Station*. Remarque entwickelt in beiden Texten ausdrücklich die Position, dass Menschen zum Widerstand nicht nur berechtigt sondern genötigt sind, weil die Verteidigung des eigenen Lebens in jedem Fall höher einzuschätzen ist als etwa die Anforderung einer Nation. Der Krieg der Alliierten, die Eroberung Berlins durch die Russen sieht er als unabdingbare »Befreiung« an, da die Deutschen nicht in der Lage waren, sich selbst von der Nazidiktatur zu befreien, wie er an mehreren Stellen seiner Romane und sonstigen Schriften ausführt.

Der Hitler-Film hatte 1955 in Wien und Köln Premiere – das Theaterstück wurde 1956 am Berliner Renaissance-Theater aufgeführt und hatte großen Erfolg (30 Vorstellungen), wurde aber in der Bundesrepublik wegen des im Stück vertretenen Befreier-Images der Russen kaum noch nachgespielt.

In dem Theaterstück zeigt er am Beispiel der russischen Soldaten, die Berlin erobern, dass die Uniform Soldaten zu Tötungsmaschinen macht, die im Privatleben völlig friedfertig sind und keinerlei Grund oder Anlass zu einem Konflikt mit den Nachbarn sehen, so lange sie nicht in den Krieg befohlen werden.

Es folgt noch ein späteres Theaterstück *Brunnenstraße* (Ende der 50er, vor dem Bau der Mauer 1961 in Berlin), ebenfalls nicht publiziert und nicht aufgeführt (außer in der *probebühne*), in dem auch der Notwehrgedanke beim die Sektorengrenze überschreitenden gegenseitigen »Krieg im Kleinen«-Handlungen voll zum Tragen kommt. Die Mutter, deren Sohn bei einem Grenzscharmützel erschossen wird, ruft zum Schluss des Stückes dazu auf: »Tötet die, die euch auffordern zu töten.« Dies ist natürlich eine extreme Zuspitzung der Idee des *militanten Pazifismus*.

Remarque begrenzt also die Möglichkeit des Kriegführens strikt und entschieden auf die einzig mögliche Rechtfertigung der *Notwehr*, wie er dies auch häufig bei Protagonisten seiner Romane tut, die durchaus die Tötung von Naziverbrechern als gerechtfertigte Überlebensnotwendigkeit ansehen, wie z.B. Ravic in *Arc de Triomphe* oder der SS-Bruder von Helen in *Die Nacht von Lissabon*.

Remarque hat kein ausgeprägtes, historisch oder theoretisch begründetes Konzept eines *militanten Pazifismus*. Er ist kein Analytiker. Es gibt keine Hinweise, dass er sich in seinem Leben je mit Kants Schrift *Zum ewigen Frieden. Ein philosophischer Entwurf* oder mit Clausewitz auseinander gesetzt hat. Seine Antikriegsposition ist die, wie er das sieht, eines »normalen Menschen«, der nicht anders kann, als den Krieg als größte Kulturschande der Menschheit anzusehen. Es ist sehr wohl vorstellbar, dass Remarque, wenn er noch lebte, Helmut Schmidts Sorgen um einen neuen deutschen »Bellizismus« unter der Flagge der »humanitären Kriegsintervention« geteilt hätte.

II ULTIMA IRRATIO

> Gerechtigkeit ist eine menschliche Erfindung, aber sie ist sehr fragmentarisch. (*Enoch J. Jones*, 1952/53)

Willy Brandt macht Krieg und Frieden in der Welt zum Thema seiner Friedensnobelpreisvorlesung in Oslo am 11. Dezember 1971. Seine Grundsätze:

- Krieg darf kein Mittel der Politik sein
- Es geht darum, Kriege abzuschaffen, nicht nur, sie zu begrenzen.

Das nationale Interesse von Staaten lässt sich heute, d.h. in den 70er Jahren, so sagt er, nicht »von der Gesamtverantwortung für den Frieden« trennen. Dies muss Grundsatz jeglicher Außenpolitik, einer europäischen und weltweiten Sicherheitspolitik sein. Weiter heißt es: »Es genügt nicht, friedfertige Absichten zu bekunden«, sondern jegliche Politik muss sich um die »Organisation des Friedens« bemühen.

Der »Fortsetzung« der »Politik mit anderen Mitteln« (Clausewitz), d.h. der Erreichung politischer Ziele durch kriegerische Mittel, erteilt Brandt eine entschiedene Absage. Er sagt:

> Friedenspolitik ist eine nüchterne Arbeit. Auch ich versuche, mit den Mitteln, die mir zu Gebote stehen, der Vernunft in meinem Lande und in der Welt voran zu helfen: *Jener Vernunft, die uns Frieden befiehlt, weil der Unfriede ein anderes Wort für die extreme Unvernunft geworden ist.* Krieg ist nicht mehr die *ultima ratio*, sondern die *ultima irratio*. Auch wenn das noch nicht allgemeine Einsicht ist: Ich begreife eine Politik für den Frieden als wahre Realpolitik dieser Epoche.

Brandt bezieht sich auf Kants Schrift *Zum ewigen Frieden* und »seine Idee der verfassungsmäßigen Konföderation von Staaten für eine dauerhafte Friedensregelung auf der Basis der menschlichen Vernunft«. Es gibt keine Alternative als das Leben der Völker aus »freier Vernunft« friedfertig zu gestalten. Willy Brandt vertritt in seiner Rede keinen ethisch-moralischen Rigorismus, aber auch keinen absoluten Pazifismus, sondern die jeweils situationsbedingte politische Krisenbewältigung mit allen möglichen Mitteln – außer dem politischen Mittel des Krieges. Soweit die Notwehr bzw. zwingende Selbstverteidigung Prinzip der Entscheidungsfindung sein muss, d.h. ob diese letztmögliche Schwelle der Kriegsvermeidung umschlägt in die *Militanz* eines Pazifismus, der sich bewaffnet zur Wehr setzt, das ist die immer wieder auch von Remarque gestellte Frage in seinen Werken nach 1945.

Remarque hat in seinen Tagebucheintragungen 1938/39 häufig darauf hingewiesen, dass die mehr oder weniger wehrlose Hinnahme der aggressiven Politik Nazideutschlands durch Frankreich und England für ihn ein schwerer Fehler ist, der unweigerlich zum Krieg führen muss.

In seinem Roman *Arc de Triomphe* (1945), der in der Nacht vor dem 20. Jahrestag des Waffenstillstandes 1918 beginnt, schildert er die Situation aus der Sicht seines Protagonisten Ravic wie folgt:

> Die Franzosen am Nebentisch schwatzen immer noch über ihre Regierung. Über das Versagen Frankreichs. Über England. Über Italien. Über Chamberlain. – Worte, Worte. Die einzigen, die handelten, waren die anderen. Sie waren nicht stärker, nur entschlossener. Sie waren mutiger; sie wussten nur, dass die anderen nicht kämpfen würden. Aufschub, aber was tat man damit? Rüstete man, holte man nach, raffte man sich auf? Man sah zu, wie die anderen weiterrüsteten – wartete, hoffte untätig auf neuen Aufschub.
>
> Die Geschichte der Walrossherde. Hunderte am Strand; zwischen ihnen der Jäger, der eines nach dem anderen mit der Keule erschlug. Zusammen konnten sie ihn leicht erdrücken – aber sie lagen da, sahen ihn kommen, morden und rührten sich nicht; er erschlug ja nur grade den Nachbarn – einen Nachbarn nach dem anderen. Die Geschichte der europäischen Walrosse. Das Abendrot der Zivilisation. Müde, gestaltlose Götterdämmerung. Die leeren Banner der Menschenrechte. Der Ausverkauf eines Kontinents.

Und weiter heiß es: »Der alte Jammertanz auf dem Vulkan. Völker, wieder einmal langsam auf die Schlachtbank getrieben.«

Auch für Remarque ist und bleibt der Krieg der allerletzte Wahnsinn, *ultima irratio*. Aber um des Lebens Willen muss man sich wehren, es ist die unvermeidliche Notwehr, wenn keine anderen Mittel mehr übrig bleiben.

Trotz dieser Notwehr-Militanz seines Pazifismus vertritt Remarque dabei die extreme Position des *homo civilis*, der keine Nation, keine Ideologie, keine seiner Menschenwürde und seinem Recht auf Leben übergeordnete Instanz, sei es des Glaubens oder der Staatsräson, akzeptiert.

Ein *homo militans*, wie er für jede Kriegführung unvermeidlich notwendig ist, erschreckt ihn zutiefst. Es soll auch heute noch Menschen geben, die mit Wollust, wie Ernst Jünger, das heldenhafte Kämpfen als höchsten Daseinseinsatz preisen, sei es in der Form US-amerikanischer Ledernacken, der Spezialkampfeinheiten oder der Gott unterworfenen Dschihadisten bzw. Terroristen.

Miteinander reden, miteinander handeln, ohne ideologische Scheuklappen und Vorurteile, zu erfassen suchen, was trotz allem gemeinsames Interesse von Menschen sein könnte, ist wesentliche Voraussetzung für, wie Willy Brandt es nennt, eine »rettende Zusammenarbeit«, bei der sich mit der Zeit auch »Vertrauen« entwickeln kann. Nachdrücklich lehnt Willy Brandt »das phantasielose Prinzip« ab, dass »Staaten unterschiedlicher sozialer und ökonomischer Verfassung nicht ohne ernste Konflikte nebeneinander leben« könnten. Es geht nicht um neue Kreuzzüge zur Austragung ideologischer Gegensätze, man sollte mehr von den jeweiligen Interessen sprechen, Dialoge müssen an die Stelle von einseitigen Monologen treten. Es gilt trotz der Gegensätze gemeinsame Interessen herauszufinden. Leider muss man heute wohl einräumen, dass die »Enttäuschung über die Industriestaaten« und ihre kulturell ökonomische Aggressivität in der Dritten Welt nicht abgebaut wird, sondern ständig zunimmt.

Die »Prinzipen der Menschenrechte und der Selbstbestimmung« (Brandt) müssen natürlich Grundlage jeden Dialogversuches bleiben. Zwischen »Friedenswillen und Selbstbehauptung« gibt es eine Spannung, die jederzeit bewusst sein muss, die aber nicht von vornherein zur Teilung der Welt in Reiche des »Guten« oder Reiche des »Bösen« führen darf. Die klassische Machtpolitik der Staaten ist durch eine möglichst nüchterne Friedenspolitik zu ersetzen.

Willy Brandt geht in seiner Rede auch auf die bisherigen deutschen Friedensnobelpreisträger ein (Gustav Stresemann, Ludwig Quidde, Carl von Ossietzky). Ludwig Quidde zitiert er mit dem Satz: »Es haben viele Nationen miteinander gekämpft, aber geflossen ist nur einerlei Blut: *das Blut der Bürger Europas.*«

Bertha von Suttner hat Brandt tief bewegt und in seiner Haltung bestärkt. *Die Waffen nieder!* war für ihn und ist es auch heute noch für viele Menschen die nachdrückliche Aufforderung, jeder so genannten Notwendigkeit des Krieges intensive Reflektion und Nachdenken über den Horror des Krieges entgegenzusetzen, wie dies ja auch Remarques *Im Westen nichts Neues* noch bis heute tut.

Erich Maria Remarque wurde 1929 für *Im Westen nichts Neues* als Friedensnobelpreisträger vorgeschlagen, ganz in der Tradition von Bertha von Suttners Roman *Die Waffen nieder!*. Im Nobelpreiskomitee fand dieser Vorschlag zwei Unterstützer, wie die Akten ausweisen. Im Report des Nobelkomitees wurde 1931 der Vorschlag mit der Anmerkung versehen: »Negative pacifism is not enough.« Dem gegenüber verweist der Berichterstatter auf »the active spirit of peace« in den Werken Tolstois und von Suttners. Abschließende Bemerkung des Berichterstatters: "In my opinion, Remarque's book does not do this inspite of all it's great quality."

Zu dieser Beurteilung kann man stehen wie man will. Richtig ist, dass Remarque nicht mit politisch-pazifistischem Impetus sein Kriegserleben geschildert hat wie Bertha von Suttner. Richtig ist, dass er zu diesem Zeitpunkt in der Tat keine politische Aussage zur Politik von Krieg und Frieden machen wollte und konnte. Dies ändert sich dann entscheidend mit der Erfahrung des Zweiten Weltkrieges. Danach wird er zum *militanten Pazifismus*, wie er es dann erstmalig in einem sehr politischen Interview mit Heinz Liepman (1962) artikuliert: »Ich war dasselbe, was ich heute noch bin: *ein militanter Pazifist*«. Oben habe ich ausgeführt, dass diese Aussage für 1929 so nicht richtig ist.

Sein militanter Pazifismus bringt Remarque dann zu dem Ergebnis, dass er nach 1945 aktiv eingreifen muss in die Frage von Krieg und Frieden in seinem Exilland USA anlässlich des Korea-Krieges (1950–1954). In seinem Theaterstück

Die Heimkehr des Enoch J. Jones, an dem er laut Tagebuch im September 1952 und Mai 1953 gearbeitet hat, ist sein Grundcredo »Es gibt keinen Menschen, der so sehr ein Feind ist, dass man ihn töten muss« und wendet sich damit ganz entschieden gegen den, wie er es sieht, imperialistischen und ideologischen »koreanischen Krieg« der USA, den die Vertreter der US-Position im Stück als eine »Aktion zum Schutz der freien Minderheiten und des Friedens in der Welt« bezeichnen. Und weiter heißt es: »Überall wird das Vaterland gerettet [...] und die Welt zerstört.«

Der überraschende Heimkehrer aus dem Korea-Krieg, Enoch J. Jones, der irrtümlich als tot gemeldet worden ist, aber in koreanischer Gefangenschaft war, trifft auf seinen Kameraden des Koreakriegs, Bill Smith, der inzwischen seine vermeintliche Witwe geheiratet hat. Neben den komödiantischen Verwicklungen ist entscheidend, dass Bill und Jones gemeinsam zu dem Ergebnis kommen, dass sie für *falsche Ziele* ihr Leben in Korea eingesetzt haben und dass die Schlussfolgerung eigentlich sein müsste, wie es aus dem koreanischen Propagandalautsprecher an der Front in Korea klingt: »Werft die Waffen weg! Ihr seid jung. Glaubt ihr wirklich, ihr verteidigt Amerika? Was wisst ihr von uns? Nichts, als dass ihr auf uns schießen müsst. Schießt auf die Regierung, die euch hierher geschickt hat!«

Und weiter tönt der Lautsprecher: »Wir müssen uns verteidigen. Ihr seid in unserem Land! Kommt! Ergebt euch! Oder wir müssen euch töten. Wir wollen es nicht. Kommt heraus ohne Waffen.«

In dieser albtraumhaften Szene der Kriegskameraden Enoch und Bill, unter dem Druck der Erinnerungen, gespielt im Wohnzimmer des Heimkehrers, macht Remarque die Grundsituation des zum Töten verpflichteten Soldaten deutlich, der keinen Grund und keine Rechtfertigung finden kann, für das, was er tun musste und getan hat. Für Remarque ist der Korea-Krieg ein imperialistischer Angriffskrieg ohne jegliche Berechtigung.

Unsere Aufgabe ist es, mit aller Klarheit und Differenziertheit, soweit uns das möglich ist, auszusprechen, was wir über Remarques *militanten Pazifismus* in der heutigen deutsch-europäischen Friedenspolitik-Diskussion zu sagen haben und sagen wollen. Das gilt für die Reflektion jedes einzelnen Zuhörers oder Referenten, der diese Tagung zum Anlass nimmt, seine eigene Position zu überprüfen, ggf. in Frage zu stellen oder zu festigen. »Von deutschem Boden soll nie wieder Krieg ausgehen.« Hier sind die Meinungen außerordentlich geteilt. Ich gehöre zu denen, die sagen, dass von deutschem Boden, vielleicht sogar grundgesetzwidrig, wieder Krieg ausgeht. Das Grundgesetz verbietet ausdrücklich die »Vorbereitung des Angriffskriegs«, aber nicht seine Durchführung? Wie oben zitiert, war der Jugoslawien-Krieg ein nicht durch die UNO sanktionierter

Angriffskrieg. Das meint nicht nur Helmut Schmidt, den ich oben zitiert habe. Erich Maria Remarque ist 1970 gestorben, Willy Brandts Nobelpreisrede stammt von 1971. Zeithistoriker und Politiker werden einwenden, dass heute, 2008, die Situation des »Kriegführens« nach dem Wegfall des Kalten Krieges eine völlig andere geworden ist und eine Vorstellung von einem »Krieg gegen den Terror« und einer ständig wachsenden Zahl von Kriegen als »humanitäre Intervention« nicht vorstellbar waren.

Wie Remarque oder Willy Brandt auf die neue Situation reagiert hätten, ist reine Spekulation. Klar jedoch ist, dass es unsere Aufgabe ist, das Prinzip eines *militanten Pazifismus* auch auf die heutige Situation anzuwenden.

An dieser Stelle meines Vortrags ist auf Albert Einstein hinzuweisen, der sich, nach meiner Kenntnis, als erster einen »*militanten Pazifisten*« genannt hat und damit in der Weimarer Republik eine sehr radikale Position der Verweigerung jeglichen Kriegsdienstes bezogen hat. Dass er in den 30er Jahren, ähnlich wie Remarque, den Krieg gegen Hitlerdeutschland für unvermeidlich hielt, wird Heiner Placke in seinem Beitrag ausführen. Allerdings bleibt auch für die Jetztzeit gültig, was Einstein um 1930 in einem Interview sagte:

> Was für eine Welt könnten wir bauen, wenn wir die Kräfte, die ein Krieg entfesselt, für den Aufbau einsetzen. Ein Zehntel der Energien, die die kriegsführenden Nationen im Weltkrieg verbraucht, ein Bruchteil des Geldes, das sie mit Handgranaten und Giftgasen verpulvert haben, wäre hinreichend, um den Menschen aller Länder zu einem menschenwürdigen Leben zu helfen [...].

Das gilt heute um so mehr bei ständig steigenden Militär- und Rüstungsausgaben, derzeit über 1000 Milliarden oder eine Billion Euro jährlich.

III Die neuen Kriege – »Krieg ist Terror / Terror ist Krieg«

> Die Aussichtslosigkeit der Vernunft. (Tagebuch, 1953)

(Vorbemerkung: Die folgenden Abschnitte III und IV sind in der Vortragsfassung stark gekürzt. Die ausführliche Originalfassung wird an anderer Stelle publiziert.)

Herfried Münkler beschreibt in seinem Buch *Die neuen Kriege* (2002) – ich benutze die inzwischen vorliegende dritte Auflage vom August 2007, welche die anhaltende Diskussion über die heutige Situation von Krieg und Frieden bestätigt –

- die Ökonomie der Gewalt in den neuen Kriegen (Kapitel 4)
- den internationalen Terrorismus (Kapitel 5)
- die militärische Interventionen und das Dilemma des Westens (Kapitel 6),

nachdem er zuvor auf die Geschichte der europäischen Kriege (seit dem Mittelalter) eingeht, und das »Neue« an den »neuen Kriegen« zu definieren versucht. Im Klappentext ist kurz zusammengefasst, was den Kern des Buches ausmacht:

> Der klassische Staatenkrieg scheint zu einem historischen Auslaufmodell geworden zu sein; die Staaten haben als Monopolisten der Kriege abgedankt. Was aber ist an ihre Stelle getreten? Und wodurch zeichnen sich die neuen Kriege aus?

Dieser Zusammenfassung kann ich mich anschließen und mich gleich der Frage zuwenden, wie auf dieser Tagung die Frage neuer Kriegsformen in die Diskussion von *militantem Pazifismus* und Friedenspolitik eingehen sollen.

Ist es für einen wehrhaften *militanten Pazifismus*, wie ich ihn bisher für Remarque, Einstein, Willy Brandt und den weisen alten Helmut Schmidt angenommen habe, ist es für diesen Pazifismus (statt politischem Bellizismus) wichtig, ob Staatenkriege obsolet sind, ob neue Kriegsformen entstanden sind? Oder ist angesichts der neuen Situation, pazifistisches Friedensdenken nichts als »blauäugiges Gutmenschentum« fern jeder Realität?

Meine Grundthese ist: »Krieg ist Terror – Terror ist Krieg«. Die von beiden Seiten praktizierten Kriegsformen sind völlig asymmetrisch: Militärische Hochrüstung auf der einen Seite, Krieg von Dschihad-Kämpfern mit Bombenterror gegen Zivilisten in westlichen Industrieländern, inzwischen aber auch in vielen asiatischen Staaten, insbesondere in vom Militär besetzten Ländern, wie im Irak, in Afghanistan und auch in Restpalästina.

Auf beiden Seiten sind die Opfer dieser asymmetrischen Kriegführung überwiegend Ziviltote. Der Sprachgebrauch im Westen und in der islamisch-arabischen Dschihadistenwelt ist sehr unterschiedlich: Terroristen, Selbstmordattentäter oder heldenhafte Dschihadkrieger.

Objektiv ausgedrückt »Staatsterror« gegen »Widerstandsterror« von Menschen in besetzten oder wirtschaftlich beherrschten Ländern gegen die Besatzungsmacht oder auch das ökonomische Diktat des Westens über die Dritte Welt. Der symmetrische »Kalte Krieg« bis ca. 1990 mit (atomarer) Hochrüstung und ständigem Rüstungswettlauf neuester (und teuerster) Technologien ist nicht mehr maßgeblich für den Weltfrieden. Global ist diese Form des »Kalten Krieges« abgelöst worden durch den »Krieg gegen den Terror«, gegen die »Achse des Bösen« (Bush/USA und Verbündete) bzw. den »Dschihad« der Gotteskrieger und islamistischen Fundamentalisten im Namen Allahs gegen die »Feinde Allahs«.

Jeder so genannte »Anti-Terror-Krieg« – insbesondere der Irak-Krieg und der Afghanistan-Krieg sowie der drohende Krieg gegen den Iran – schafft neue »Terroristen«. Jedes Dschihad-Attentat verschärft den Konflikt. Ziviltote durch Terroranschläge oder *collateral damages* sind nicht akzeptabel. Der weltweite so genannte »Krieg gegen den Terror« hat mit der Vorstellung eines *militanten Pazifismus* im Sinne Remarques und Einsteins nicht das Geringste zu tun.

Immer werden die Zivilisten in Geiselhaft genommen und getötet für die Taten ihrer Staaten und Staatsführungen bzw. ihres Militärs oder der selbst ernannten Gotteskrieger, ob schuldig oder unschuldig.

Um es mit Remarque zu sagen: »Nur die Toten haben den Krieg ganz erlebt«, gleichgültig in welcher Form des Krieges auch immer.

Die jeweilige Sichtweise beider Seiten ist unversöhnlich. In befriedet erscheinenden Bereichen des zivilen Lebens im Westen taucht auf einmal unvermutet eine »Kriegsaktion des Terrors« auf. Hierbei ist der Bevölkerung nicht klar, dass aus der Sicht des »Terrorfeindes« das untätige Verhalten der Bürger der USA, Großbritanniens, Spaniens etc. gegenüber den kriegerischen und unterdrückerischen Taten ihrer Regierungen und Militärs für die Dschihadisten ein hinreichender Grund ist, sie, die in Frieden lebenden Zivilisten in dem so erklärten Dschihad zu töten.

Militärische Lösungen – wie derzeit im Irak oder auch in Afghanistan – sind aller Voraussicht nach zum Scheitern verurteilt. Sie erhöhen die Anzahl der Terroristen und der Terroranschläge sowohl in den »besetzten« Ländern (wie Irak, Afghanistan, Palästina) und auch in der westlichen Welt insbesondere der am Krieg beteiligten Staaten.

Für unser Thema des *militanten Pazifismus* in der Kriegs- und Friedenspolitik Deutschlands und Europas ist natürlich die Frage zu stellen, wieweit Widerstandskampf, Partisanen- und Guerillakrieg nach wie vor legitime Mittel sein müssen und können, wenn eine rein pazifistische Haltung der betroffenen Ethnien nur zu deren Ausrottung oder zur »ethnischen Säuberung« führen würde. Da, wo eine waffengestützte »ordentliche« Gegenwehr gegen die Besatzung nicht möglich ist, wie z. B. im Israel-Palästina-Konflikt, bleibt ja nur das Mittel des Widerstands- bzw. des Terrorkampfes. Dies galt – und gilt heute immer noch – in der Geschichte der Menschheit gegen die Besatzung jeglicher Besatzungsmacht, gleich ob Diktaturen oder nicht, auch gegen die Hitlerdiktatur z.B. in Holland, Frankreich, Griechenland, Jugoslawien oder Norwegen. Diesen Widerstandskampf hat Remarque ausdrücklich für notwendig gehalten und in seine Position des *militanten Pazifismus* einbezogen.

IV Osnabrück – Friedensstadt des *militanten Pazifismus*?

Es gibt keinen Menschen, der so sehr ein Feind ist, dass man ihn töten muss. (*Enoch J. Jones*, 1952/53)

Wie lange noch können wir uns als Bürgerinnen und Bürger in der Friedensstadt Osnabrück, in Sachen Krieg und Frieden, den »Luxus der unpolitischen Lebenshaltung« (Peter Sloterdijk) leisten? Genügt es, dass die Stadt Osnabrück den Friedensgedanken nach außen deutlich vertritt und im Inneren ein Musterbeispiel für kulturelle Integration ist?

Henri Barbusse, der Autor des Buchen *Das Feuer* (*Le Feu*, 1916) hat ähnlich wie Remarque die fundamentalen Erlebnisse der Kriegsteilnehmer als die totale Erschütterung des Individuums vor diesen irrsinnigen Greueln des Krieges geschildert. Die Soldaten kommen am Schluss seines Romans zu der Folgerung: »Wenn der Geist des Krieges nicht getötet wird, wird es ewig Kriege geben.« Ein anderer sagt: »Erst wenn der Geist des Krieges besiegt ist, wird es keinen Krieg mehr geben!«

Man kann es auch anders formulieren: Erst wenn sich die Vernunft in der Kultur und Entwicklung der Menschheit (ganz im Sinne Kants) durchgesetzt haben, könnten andere, friedlichere Weltumstände eintreten. Aber so lange die Ausgaben für Militär und Rüstung jedes Jahr einen neuen Rekordhöchststand erreichen, und solange kriegspräventive Ausgaben, insbesondere wirtschaftliche Aufbauleistungen, Beiträge zum Aufbau geordneter Staatsstrukturen etc. nur einen geringen Bruchteil dieser Ausgaben ausmachen, ist wenig zu erwarten.

Aber was ist dieser »Geist des Krieges«, dessen Irrsinn auch in Bernhard Wickis Film *Die Brücke* gezeigt wird, wie kommt man ihm bei, was kann man tun, um auf die Realpolitik von Krieg und Frieden Einfluss zu nehmen? Was muss man tun? Ein Beispiel für die Wirkmächtigkeit von *Im Westen nichts Neues* ist auch der Abspann in dem Film *Die Brücke* (1959): »Das geschah am 27. April 1945. Es war so unbedeutend, dass es nicht im Wehrmachtsbericht erwähnt wurde«, eine Paraphrase des Schlusses von Remarques Roman.

Der neue Realismus ist der *militante Pazifismus*. Schon 1998 hatte die Remarque-Gesellschaft ein Positionspapier für eine Erklärung zum Europäischen Friedenskongress in Osnabrück (Mai 1998) der Öffentlichkeit übergeben.

Mir scheint es heute zwingend notwendig, diesen Pazifismusgedanken über den Versuch der Begriffsbestimmung eines *militanten Pazifismus* und entsprechender Aktionsformen in der Praxis zu präzisieren. In jener Erklärung von 1998 heißt es:

> Kriege werden von Menschen gemacht. Sie können daher auch von Menschen vermieden, verhindert und letztlich unmöglich gemacht werden. Kriege sind kein Schicksal, dem die Menschen nicht entrinnen können. Sie sind kein der Menschheit auferlegter Fluch. Sie sind nicht gottgewollt. Kriege dienen der gewaltsamen Durchsetzung von Interessen von Menschen gegenüber anderen Menschen. [...] Krieg muss ohne Wenn und Aber geächtet werden. Die Kriegsverantwortlichen sind vor ein internationales Gericht zu stellen, das über ihre Schuld zu entscheiden hat.

Pazifismus, in der unabdingbaren Form des *militanten Pazifismus*, benötigt ständig und überall auch den ständigen,mutigen, aktiven Einsatz für den »Geist des Friedens«.

> »Negative pacifism is not enough!«

Ian King

Vom westfälischen Frieden über Tucholsky zu Blair: Kann ein Krieg Schlimmeres verhüten?

»Selig sind die, die nichts erwarten, denn sie werden nie enttäuscht.« Das ist ein traditioneller Spruch aus Yorkshire, der Heimat aller britischen Pessimisten. Für den Vortrag bleiben mir ganze 30 Minuten, also warne ich vor allzu hochfliegenden Hoffnungen und fange mit den Themen an, die ich aus zeitlichen Gründen nicht ausführlich, oder aber gar nicht behandeln kann. Natürlich könnte ich den ganzen Vormittag über Kurt Tucholsky erzählen: das ist heute nicht möglich. Sehr gern würde ich über sein Verhältnis zum acht Jahre jüngeren Schriftstellerkollegen Remarque einiges sagen: Auch das geht nicht, obwohl man dazu auf einen guten, sehr viel längeren Vortrag von Tilman Westphalen hinweisen könnte, der im Sammelband der Tucholsky-Tagung 2007 erschienen ist. Über Remarque selbst wäre manches zu berichten, nicht nur als Sohn von Osnabrück, sondern als Autor des Romans *Im Westen nichts Neues*, von denen fast so viele Exemplare im vorigen Jahrhundert verkauft worden sind wie von der Bibel. Ein Schriftsteller, der nur vom Heiligen Geist geschlagen wird, und auch das ganz knapp, verdient sehr wohl unser Lob. Aber auch damit muss Schluss sein. Viertens muss ich klarmachen, dass die Ansichten, die hier über den ehemaligen britischen Premierminister Tony Blair geäußert werden, eine persönliche Stellungnahme sind, für die die Tucholsky-Gesellschaft nicht haftbar gemacht werden sollte. Wegen Blair bin ich aus meiner Partei ausgetreten; der wissenschaftliche Ton des Vortrages dürfte daher manchmal einer Polemik weichen. Ich bitte dafür um Nachsicht. Fünftens werde ich diesen Vortrag zwar mit einem klugen Motto einführen, aber nicht abschließend die Frage beantworten, ob dieses unter allen Umständen stimmt. Das Motto lautet:

> Alle Kriege werden zum Vorteil der Herrschenden vom Zaun gebrochen und stets zum Nachteil des Volkes geführt. Herrscher und Generäle mögen aus dem

> Krieg Nutzen ziehen, die große Masse hat die Kosten und das Unglück zu tragen. Ein Friede ist nie so ungerecht, dass er nicht dem gerechtesten Krieg vorzuziehen wäre.[1]

Ein Zitat des großen Erasmus von Rotterdam. Soviel also zu dem, was ich nicht sagen will. Stattdessen versuche ich einen Bogen zu schlagen zwischen der Friedensstadt Osnabrück über den von mir bewunderten Kurt Tucholsky hin zu Tony Blair, bis schließlich alle diskutieren können, ob der letzte Satz des Mottos wirklich so stimmt.

Der westfälische Friede von 1648 ist aus zwei Gründen begrüßens- und bemerkenswert. Zunächst einmal als überfälliger Schlusspunkt des Dreißigjährigen Krieges, der im Namen zweier christlicher Konfessionen Deutschland verwüstet und dessen Bevölkerung dezimiert hatte. Aber die Fürsten und ihre Unterhändler in Osnabrück und Münster schrieben auch unbewusst in einer zweiten Hinsicht Geschichte: Auf ihr Abkommen gründete sich zum ersten Mal das moderne Völkerrecht. Nie wieder sollten z.B. Franzosen, Österreicher oder Schweden unprovoziert über Deutschland herfallen und dort wie rivalisierende Gangsterbanden hausen. Stattdessen wurden Regeln fürs zwischenstaatliche Benehmen aufgestellt, darunter das Nichteinmischungsgebot in die inneren Angelegenheiten fremder Staaten.[2] Zwar kümmerte sich nicht jeder um den Grundsatz. Kolonialmächte wie Britannien oder Frankreich setzten Herrscher von ihren Gnaden ein oder ab. Auch Diktatoren von Napoleon über Mussolini bis Hitler und Stalin hielten sich nicht daran; der Einmarsch der Warschauer Pakt-Staaten 1968 in die Tschechoslowakei, aber ebenso die Rolle von staatlichen Institutionen der USA beim Pinochet-Putsch in Chile 1973 bedeuteten ebenfalls einen Schlag ins Gesicht des Völkerrechts. Aber das Recht an sich blieb trotz aller Ausnahmefälle im Grundsatz bestehen, garantierte zumindest ein Quantum Berechenbarkeit im zwischenstaatlichen Handeln; wer sich nicht daran hielt, stand moralisch am Pranger.

Das Nichteinmischungsgebot, ursprünglich ein klarer Schritt nach vorn, ist jedoch in letzter Zeit aus verschiedenen Blickwinkeln kritisiert worden. Einer der Skeptiker war Kurt Tucholsky. Es ist allgemein bekannt, dass Tucholsky keine systematischen politischen Abhandlungen verfasste, dafür jedoch an den Kon-

1 Desiderius Erasmus zitiert u.a. in Dieter Forte. *Martin Luther und Thomas Münzer oder Die Einführung der Buchhaltung*. Frankfurt/Main: Fischer Taschenbuch Verlag, 1981, 187.

2 Das Nichteinmischungsgebot wurde 1945 im Artikel 2, Absatz 7 der Charta der neugegründeten Vereinten Nationen bestätigt.

troversen der 20er Jahre gern und schwungvoll teilnahm. Hören wir, was er im Artikel *Außen- und Innenpolitik* von Juli 1926 über diesen Punkt zu sagen hat:

> Es ist nicht wahr, dass man sich nicht in die Innenpolitik fremder Staaten mischen dürfe – eine Innenpolitik ohne Rückwirkung nach außen gibt es heute nicht mehr, wenn es sie je gegeben hat. So wie kein Mieter das Recht hat, in seiner Wohnung Feuer anzuzünden, mit der Berufung auf die Heiligkeit des Heims, so wenig dürften Staaten ohne Gefährdung des Friedens Innenpolitik auf eigene Faust machen, soweit diese den Frieden in Frage stellt. Wir wohnen nicht mehr in einzelnen Festungen des Mittelalters, wir wohnen in einem Haus. Und dieses Haus heißt Europa.[3]

Nun dürfte die erste Reaktion von Tucholsky-Freunden auf diese Zeilen eine durchaus positive sein. Ein gemeinsames europäisches Haus? Schon sechzig Jahre, bevor Mikhail Gorbatschow als Sowjetführer den Begriff populär machte? Tucho wie er leibt und lebt, seiner Zeit immer um Längen voraus. Wir werden jedoch sehen, dass der andere Grundgedanke in diesen Worten, das Interventionsrecht, Tucholsky in durchaus gefährliche Gesellschaft bringt. Denn in neuester Zeit haben sich Politiker in demokratischen Ländern wie Britannien der gleichen Idee bemächtigt. Seit den NATO-Bomben auf Jugoslawien 1999 macht der Begriff »humanitäre Intervention« als Rechtfertigung für Kriegshandlungen Furore, die angeblich noch Schlimmeres verhüten sollen. Stellen also der Bombenhagel auf Belgrad und die anglo-amerikanische Invasion des Irak vielleicht nur die logische Fortsetzung der Tucholsky-These dar: Es brennt in der Nachbarwohnung des gemeinsamen Hauses, jetzt gilt's zu löschen? Vorläufig drücke ich mich hier in Frageform aus, nachher biete ich einige Antworten. Aber jetzt müssen wir uns mit der Argumentation der Anhänger von humanitären Interventionen genauer befassen.

Die neue Interventionsdoktrin wird beileibe nicht nur von rabiaten US-Neokonservativen unterstützt. 1992 begründete sie Boutros Boutros Ghali, damals Generalsekretär der Vereinten Nationen, mit den Worten:

> Die Zeit der absoluten, ausschließlichen Souveränität...ist vorbei; sie galt ohnehin in der Theorie immer stärker als in der Praxis. Heute ist es Aufgabe der Staatsmänner, das zu verstehen und ein Gleichgewicht zu finden zwischen der Notwendigkeit

3 Kurt Tucholsky. »Außen- und Innenpolitik«. *Die Friedenswarte,* Juli 1926 in Kurt Tucholsky. *Gesamtausgabe Texte und Briefe.* Band 8: *Texte 1926* (in der Folge als GA 8 usw.), 327.

> von guter Herrschaft im Innern und den Bedürfnissen einer in gegenseitiger Abhängigkeit stehenden Welt.[4]

Der Mann wusste, wovon er sprach: Heute beschließt der Uno-Sicherheitsrat eine neue Intervention im Schnitt alle sechs Monate, die meisten dauern mit der Wiederaufbauphase zwischen fünf und zehn Jahren.

Noch ausführlicher wird die Kontroverse von Paddy Ashdown behandelt, dem früheren britischen Liberalenführer. Ashdown, der zwischen 2002 und 2006 als Hoher Kommissar in Bosnien-Herzegowina amtierte, schrieb darüber ein ganzes Buch, *Schwerter und Pflugscharen. Friedenseinsätze im 21. Jahrhundert*. Er wusste von den Gefahren, die für die Betroffenen durch kriegerische Interventionen, aber auch durch das Nicht-Handeln ausgehen können. Das Buch ist ausgewogen, sieht ohne Illusionen die Möglichkeiten und die Gefahren bewaffneter Eingriffe.[5]

Aber schon Jahre vor Ashdown war ein aktiver britischer Politiker dabei, den Nichteinmischungskonsens in Frage zu stellen. Kein Geringerer als der damalige Premier Tony Blair ergriff am 22. April 1999 im Hilton Hotel von Chicago das Mikrofon, um die sogenannte »Doktrin der internationalen Gemeinschaft« zu begründen. Nach einigen Floskeln über globale Interdependenz und Globalisierung geht Blair auf die Problematik der internationalen Sicherheit ein. Sein Außenminister Robin Cook hatte beim Amtsantritt eine »ethische Außenpolitik« angekündigt. Der Einmarsch britischer Truppen hatte in der ehemaligen westafrikanischen Kolonie Sierra Leone einen blutigen Bürgerkrieg erfolgreich beendet, der Bombenkrieg gegen Jugoslawien ließ sich zumindest aus der Sicht des Premiers vielversprechend an, irgendwann würde Slobodan Milošević klein beigeben. Blair befand sich auf dem Zenit seiner Macht und seines Selbstvertrauens. Alles schien machbar, wie aus folgendem Zitat hervorgeht:

> Unser dringendstes außenpolitisches Problem besteht darin, die Umstände zu identifizieren, bei denen wir uns in die Angelegenheiten anderer Länder einmischen sollen. Seit langem gilt die Nichteinmischung als wichtiges Prinzip der Weltordnung, und wir sollten es auch nicht leichtfertig über Bord werfen. Ein Staat

4 Boutros Boutros Ghali. *An Agenda for Peace: Preventive Diplomacy, Peacemaking and Peace-keeping*. Rede am 31. Januar 1992, zitiert in Paddy Ashdown. *Swords and Ploughshares. Bringing Peace to the 21st Century*. London: Orion Books, 2007, 13.

5 Ashdown, a.a.O.

> sollte sich nicht das Recht anmaßen, das politische System eines anderen zu ändern oder Subversion anzuzetteln oder Territorien zu annektieren, auf die er Anspruch erhebt. Aber der Nichteinmischungs-Grundsatz muss in bestimmter Hinsicht eingeschränkt werden. Völkermord kann nie eine rein interne Sache sein. Wenn die Unterdrückung massive Flüchtlingsströme auslöst, die die Nachbarländer instabil machen, können sie als Bedrohungen des Völkerfriedens und -sicherheit beschrieben werden. Wie entscheiden wir uns, ob und wann gegen undemokratische, an barbarischen Handlungen beteiligte Regimes zu intervenieren ist?[6]

Diese entscheidende Frage beantwortet Blair nicht direkt, sondern durch fünf weitere Fragen. 1) Sind wir unserer Sache völlig sicher? 2) Haben wir alle diplomatischen Möglichkeiten erschöpft? 3) Hat unsere Militäroperation gute Erfolgschancen? 4) Sind wir auf ein langfristiges Engagement vorbereitet? sowie 5) Sind unsere nationalen Interessen betroffen? Interessanterweise stellt Blair eine sechste, meines Erachtens sehr relevante Frage nicht, nämlich: Stimmen die Vereinten Nationen als Vertretung der Staaten und Völker der Welt unserem geplanten Kriegseinsatz zu? Kein Wunder, denn der Bombenhagel auf Belgrad war ohne UNO-Zustimmung erfolgt, die NATO-Staaten hatten wegen eines wahrscheinlichen russischen Vetos im Sicherheitsrat sich nicht ernsthaft um eine solche Zustimmung bemüht. Für Blair galten jedoch nur die fünf in Chicago gestellten Fragen; wir können davon ausgehen, dass er sie nicht nur in Bezug auf Jugoslawien, sondern auch auf Afghanistan und Irak mit Ja beantwortet hat. Mit den bekannten Ergebnissen: Hunderttausende Tote im Zweistromland, wir machen uns nicht einmal die Mühe, die Leichen zu zählen. Jahrelang ging es dort unter alliierter Besatzung noch schlimmer zu als unter dem Diktator Saddam Hussein: Das ist und bleibt Blairs Erbe. Von allen in Afghanistan nutzlos Getöteten zu schweigen.

Ich bitte um Verständnis für dieses emotional geprägte Urteil. Es war kein Leichtes, im Januar 2003 angesichts von Blairs Kriegsplänen nach 25jähriger Mitgliedschaft aus der Labour-Partei auszutreten. Die Frage, ob mein Lieblingsjurist Tucholsky dem Strahlemann und furchtbaren Juristen aus Sedgefield auf den Leim gegangen wäre, den bösen Krieg zum guten Zweck vielleicht doch akzeptiert hätte, beunruhigte mich lange. Das mag wie Majestätsbeleidigung

6 Tony Blair. »The Doctrine of the International Community«. Chicago, 22. April 1999, am 20. Mai 2008 als http:/www.globalpolicy.org/globaliz/politics/blair/htm konsultiert. Alle Blair-Übersetzungen von IK.

klingen. Könnte der Autor des Satzes »Soldaten sind Mörder«[7] ein solches Blutvergießen je befürworten? War er nicht gegen jede Gewaltanwendung? Zwei Stellen aus Essays, die er in der eindeutigen Linksphase seiner politischen Karriere schrieb, lassen mich dies verneinen. 1927 meinte Tucholsky in bezug auf Gewalttaten während der chinesischen Revolution, dass er »revolutionäre Bluttaten für gerechtfertigt«[8] hielt. Drei Jahre später beantwortete er in einer Rundfrage der *Moskauer Rundschau* die Frage, »Wie würden Sie sich im Falle eines Krieges gegen die UdSSR verhalten?« so:

> Handelt es sich [...] um einen europäischen Zusammenschluss von Mächten, die mit Hilfe der Kirche ununterbrochen gegen jenes Russland hetzen, das ihnen wegen der eigenen Arbeiterbewegungen ein Dorn im Auge ist, so kann meine Stellung nur eindeutig sein: Für Russland gegen jene Mächte, auch dann, wenn es sich um Deutschland handelt.[9]

Dass er einen solchen Krieg für eine Katastrophe der internationalen Arbeiterbewegung halten würde, fügte er hinzu: Sein genaues Verhalten in diesem immerhin theoretischen Fall legte er nicht schriftlich fest.

Eine Ähnlichkeit zwischen den Stellungnahmen von Tucholsky und Blair besteht insoweit darin, dass sich beide gefragt haben: Kann die Anwendung von Gewalt legitim sein? – und beide dies bejaht haben. Die Qualität dieses »Ja« ist jedoch sehr unterschiedlich. Tucholsky meint 1927 und 1930: Ja zur Verteidigung der Revolution; Blair 1999: Ja zum Sturz von Diktatoren und um humanitärer Ziele Willen, so wie er sie definierte. Bei Tucholsky ist der Krieg jedoch ein ausschließlich defensives Mittel, das dem angeblichen Vaterland der Werktätigen von außen her aufgezwungen wird; Aggressionskriege, mit welchem Ziel auch immer, lehnte er zeitlebens ab. Schließlich kannte er den Krieg und dessen Schrecken aus eigener Erfahrung, ganz im Gegensatz zum Zivilisten Blair. (Übrigens rückte Tucholsky im schwedischen Exil von seiner zeitweiligen Unterstützung der Sowjetunion ab, distanzierte sich deutlich sowohl von Stalin,

7 Kurt Tucholsky. »Der bewachte Kriegsschauplatz«. *Die Weltbühne* (in der Folge als WB), 04.08.1931; GA 14: *Texte 1931*, 348.

8 Kurt Tucholsky. »Huh, wie schauerlich!«. WB, 05.07.1927; GA 9: *Texte 1927*, 408.

9 Kurt Tucholsky. »Wie würden Sie sich im Falle eines Krieges gegen die UdSSR verhalten?«., *Moskauer Rundschau*, 22.06.1930; GA 13: *Texte 1930*, 263.

der die deutschen Kommunisten an Hitler verraten habe,[10] als auch vom Marxismus (»Diese Doktrin da lähmt«[11]); solche Stellungnahmen finden sich vor allem in Privatbriefen nach seinem öffentlichen Verstummen 1932.)

Der Hauptunterschied zwischen Tucholsky und Blair besteht jedoch in Tucholskys ganzer pazifistischen Entwicklung einerseits und seiner Stellungnahme zur staatlichen Souveränität andererseits. Schon vor dem Ersten Weltkrieg hatte er in einem Gedicht »Krieg« mit »Mord« gleichgesetzt und diese Erkenntnis dem lieben Gott in den Mund gelegt.[12] Nach halbwegs erzwungenem Dienst an der Ostfront, dann in Kurland und Rumänien, kam er Ende 1918 als glühender Friedenskämpfer nach Berlin zurück, machte sich durch eine wortgewaltige Abrechnung mit den preußischen Offizieren rechts verhasst, verlangte den Rücktritt des Reichswehrministers Noske, der für das Weiterbestehen des militaristischen Ungeists auch in der neuen Republik gesorgt hatte. Tucholsky war Mitgründer von Organisationen wie dem Friedensbund der Kriegsteilnehmer, trat in Frankreich für die Verständigung zwischen beiden Ländern ein, warnte jedoch vor dem Wunsch allzu vieler seiner Landsleute nach einem Revanchekrieg. Als er 1927 der Anwendung revolutionärer Gewalt mit Verständnis begegnete, hießen die letzten Sätze des Essays bezeichnenderweise:

> Ich für mein Teil halte revolutionäre Bluttaten für gerechtfertigt. Revolution kann – im Gegensatz zum Krieg – Elementarereignis sein.[13]

»Im Gegensatz zum Krieg« – kann sich Tucholsky deutlicher ausdrücken? Der Autor des späteren Satzes »Soldaten sind Mörder« hätte sich durch das Tottreten des wehrlosen irakischen Hotelempfangschefs Baha Moussa 2003 durch britische Besatzer bei Basra in diesem Urteil nur bestätigt gefühlt. Einige Soldaten kamen deswegen vor ein Kriegsgericht, schwiegen eisern und wurden von ihren Kameraden freigesprochen. Manchmal fühlt man sich in die Weimarer Zeit zurückversetzt.

Hinzu kommt der sehr unterschiedliche Hintergrund der Ablehnung von der absoluten Souveränität des Staates durch Tucholsky einerseits und Blair andererseits. Jawohl, Tucholsky kritisierte seinerzeit den Völkerbund, Blair missachtete

10 Kurt Tucholsky. Brief an Arnold Zweig, 15.12.1935; GA 21: *Briefe 1935*, 476–477.

11 Kurt Tucholsky. Brief an Hedwig Müller, 02.12.1934; GA 20: *Briefe 1933–1934*, 528.

12 Kurt Tucholsky. »Kleines Gespräch mit unerwartetem Ausgang«. *Vorwärts*, 08.05.1912; GA 1: *Texte 1907–1913*, 50.

13 Tucholsky, »Huh, wie schauerlich!«, 408.

die Vereinten Nationen. Aber die Begründung ihrer jeweiligen Kritik unterscheidet sich um 180 Grad. Der Berliner Polemiker lehnte die Genfer Institution ab, weil sie zu wenig Macht besaß, sich nicht gegen Aggressoren und Unterdrücker durchsetzen konnte, er verwarf das angebliche Recht des Stärkeren.[14] Eine vielleicht aufschlussreiche Parallele: In seinen alten Tagen trat Albert Einstein, nicht nur ein Jahrhundert-Physiker, sondern in den zwanziger Jahren wie Tucholsky ein unversöhnlicher Gegner des Militär- und Kriegsdienstes, vehement für eine überstaatliche Weltregierung ein.[15] Kann man das als logische Fortsetzung von Tucholskys Stellungnahme fürs gemeinsame europäische Haus betrachten? Negierung der absoluten staatlichen Souveränität heißt doch Abgabe dieser Souveränität an eine neutrale, respektierte, höhere Instanz, nicht wahr? Um ganz ehrlich zu sein: Ich halte dies für eine mögliche Interpretation, maße mir aber letzten Endes kein Urteil an, wie sich ein »wiedergeborener« Tucholsky heute verhalten würde: Das sollten wir viel klügeren Menschen überlassen, wie Peter Struck. Aber gestatten Sie mir eine Ausnahme zu dieser Vorsichtsmaßnahme. Dass Tucholsky den imperialistischen Anspruch der US-amerikanischen Neokonservativen, im Namen ihrer eigenen Rohstoffinteressen über fremde Länder herzufallen und dort Hunderttausende unschuldiger Zivilisten mit den modernsten und teuersten Hightech-Waffen ins Jenseits zu befördern, nein, das hätte Kurt Tucholsky mit jeder Faser seines Wesens abgelehnt! Im Gegensatz zu Blair, der diese Politik unterstützte, der als Feigenblatt für US-Interventionskriege die Wiederwahl von Bush ermöglichte, der sich meines Erachtens vor dem Internationalen Gerichtshof in Den Haag verantworten sollte, wegen Verbrechen gegen die Menschlichkeit.

Was aber unsere Grundfrage noch nicht löst, nämlich: Kriege sind schlimm, daran besteht kein Zweifel, aber können sie trotzdem in Einzelfäll Schlimmeres verhüten? Der Premier Blair ist hier erledigt worden, wenn auch, anders als Hunderttausende Iraker, nur mit Worten. Aber inwieweit hatte der Redner Blair Recht? Denken wir an die Gefahr des Nichtstuns, an den niederländischen Oberst Karremans und dessen Händedruck mit dem Gegenspieler Ratko Mladić, der 1995 in Srebrenica das Schicksal von 7.000 bosnischen Moslems besiegelte. Das gibt natürlich zu denken. Aber ich für mein Teil bleibe dabei: Tucholsky hatte mit seiner Ablehnung des Krieges Recht, Blair hatte als handelnder Politiker

14 Kurt Tucholsky. »Grimms Märchen«. WB, 04.99.1928; GA 10: *Texte 1928*, 363.

15 Siehe z.B. David E. Rowe, Robert Schulmann (Hgg.). *Einstein on Politics*. Princeton/Oxford 2007, 43–46 und 391–400.

unrecht und Dubya ohnehin. Wenn es irgendwann mal eine Weltregierung geben sollte, könnte ich mich eventuell mit Kriegen anfreunden, die Schlimmeres verhüten sollten. Doch bis dahin ist's ein weiter Weg und ich bin schon 59 Jahre alt.

Joseph Anton Kruse

Heine und Remarque »Soldaten im Befreiungskrieg der Menschheit«?

Die Assoziationen zum Verhältnis von Heine und Remarque gehen von der Vergleichbarkeit beider aus, stellen aber die veränderten Bedingungen der jeweiligen Schriftstellerexistenzen in Rechnung. Was sich nah ist, kann wegen der historischen Umstände nur bedingt in einem Atemzug genannt werden. Gleichwohl sind Parallelen bei teilweise von der Öffentlichkeit als Störenfriede empfundenen Autoren bereits ein Trost im Hinblick auf den Sieg der Vernunft und des Engagements unter noch so verschiedenen Vorzeichen. Beide haben das Ihre zur Entwicklung der bürgerlichen Gesellschaft beigetragen, und zwar erfolgreich und wirksam bis heute. Insofern ist, trotz berechtigter Skepsis[1] angesichts der realen Wirkung von Literatur, unser Bewusstsein von solchen Verlautbarungen geprägt.

1. Nachbarschaft

Zweifellos klingt der Name Heines im Kontext seiner Nachwirkung während des Nationalsozialismus nach einem Fanal, dem das Wort vom »Dichter unbekannt« anhaftet, auch wenn sich diese Unterschrift unter dem *Loreley*-Gedicht nie hat verifizieren lassen.[2] Heine gilt weltweit als der Freiheitsdichter par excellence. Aufgrund seiner Emigration in Frankreich war er seinen Landsleuten als noch

1 S. Joseph Anton Kruse. »Rechnet mit dem Krieg ab: Remarque«. *Rheinische Post*, 15.04. 2008, Düsseldorfer Kultur B 7.

2 Vgl. zu diesem Problem der Heine-Rezeption im 3. Reich die Beiträge von Martin Holländer und Hartmut Steinecke im *Heine-Jahrbuch* 47 (2008), 155–172 u. 173–205.

so liebend zerrissener Verräter am deutschen Vaterland verdächtig. Lange Zeit hindurch haben sie ihn als, wenn auch getauften, Juden und darum obendrein überhaupt vaterlandslosen Gesellen samt seiner sattsam bekannten Ironie und angeblichen Schmähsucht nur bedingt Heimatrecht gewährt. Die deutsche Heine-Wirkung konnte und kann als Konterfei der Akzeptanz demokratischer Verhältnisse gelten, weil sie den Gang der politischen Entwicklung in Deutschland abbildet. Die Denkmalsgeschichte Heines liest sich wie ein Code der deutschen Zustände in den letzten anderthalb Jahrhunderten.

Für Aufregungen war er immer gut. Es sei nur an das Heine-Preis-Debakel im Jahre 2006 wegen des die Verbrechen gegen die Menschlichkeit unter dem Serbenführer Slobodan Milosevic offenbar nicht wahrnehmenden österreichischen Dichters Peter Handke erinnert. Erstaunlich, dass bei diesem jüngsten *Fall Heine*, wie Marcel Reich-Ranicki seine Heine-Beiträge schon zum 200. Geburtstag im Jahre 1997 überschrieben hat,[3] also bei der Handke-Debatte zu Heines 150. Todesjahr, alle Welt für den Heine-Preis-Streit in Düsseldorf am Ende wenigstens nicht Heine verantwortlich machte, was früher üblich gewesen wäre.

Der Widerstreit der Meinungen um Heines Nähe und Ferne zu Deutschland; um seine Textformen, die so häufig den Erwartungen der Literaturkritik widersprechen; um seinen Platz als Schriftsteller in der deutschen Literaturgeschichte wie um den weltweiten Ruhm, der seinen Landsleuten leicht verdächtig war; und schließlich auch um seine engagierte Haltung, was die politischen wie sozialen Zustände angeht, ähnelt in manchem dem Habitus und Schicksal des ein Jahrhundert jüngeren Erich Maria Remarque. Auch hier eine rasche über den deutschen Sprachraum hinausreichende Berühmtheit; eine als politisch und engagiert verstandene Position, auch wenn sich der Autor, anders als Heine, selber sehr viel unpolitischer einschätzte; und schließlich ein thematisch wie rhetorisch die Gemüter aufwühlender literarischer Zugriff auf die zeitgenössischen Bedingungen, wogegen die von Heine aufgestörte Biedermeierzeit wie ein Kindergarten wirkt.

Auch bei Remarque der Vorwurf des Salonsozialisten, der im Wohlstand lebt (Heine seinerseits war nicht sorgenfrei, jedoch nur im Vergleich zum Millionärsonkel Salomon Heine arm) und der wie Heine, was bei diesem mit seiner deutsch-jüdischen Identität zu tun hat, mit dem Adelstitel spielte (die angeblich adelige deutsche Mutter Betty von Geldern und der jüdische Vater Samson Heine – der adoptierte Erich Freiherr von Buchwald gen. Remark); ja selbst die Un-

3 Stuttgart 1997.

terstellungen wegen der Namen (der eine Harry bzw. Heinrich Heine oder in der Sprachregelung des 3. Reiches Heymann bzw. Chajjim Bückeburg, der andere nun wirklich nicht Kramer, in der eigentlichen Schreibung aber Erich Paul und nicht Erich Maria Remark mit k und nicht mit französischem que), vor allem jedoch der ständige Reibungspunkt Deutschland, Heimat, Vaterland mit allen komplizierten Implikationen im Hinblick auf die so harmlosen und zu Hause gebliebenen Bürger. Dabei besaß Remarques Stellung einen besonderen Charakter im deutschen Gefüge, weil bei ihm keine jüdische Außenseiterrolle als Grund für die Ausgrenzung hinzukam. Gedankt wurde Remarque seine aufrechte Haltung so wenig wie Heine dessen aufrechter Gang, der bildlich gesprochen sogar für die Zeit seiner Matratzengruft gilt. Auch bei Remarque das Exil, das Leiden an den deutschen Verhältnissen und die Skepsis des Publikums (wofür in der Regel die Geburtsstädte das Muster abgeben) einschließlich vieler Brüche in der oft so naseweisen deutschen Nachwirkung. Insofern hätte Heine den Osnabrücker Autor, ähnlich wie seine Haupt- und Magenhelden Luther und Lessing, als einen ganzen Mann und Hauptkerl charakterisiert.

2. Weitere Parallelen

Man darf die beiden Schriftsteller Heine und Remarque, die bisher nicht miteinander verknüpft wurden, also getrost zusammen nennen, besonders wenn man bedenkt, dass bereits ein Hetzartikel über den »Skandal um Remarque«, wie er überschrieben ist, in der *Zeitschrift der Deutschen Hausbücherei* mit ihrem sinnigen Obertitel *Herdfeuer* im Jahre 1932 endet: »Der Heinenaturen sind wir herzlich satt!«[4] Damit war speziell Remarque gemeint, der zu einem Autor wie Heine ohne landläufigen Nationalismus passte. Die Heine- und Remarque-Gegner wussten also von Anfang an, dass beide Gemeinsamkeiten aufwiesen.

Engagierte Literatur wird unter eher angepassten oder verinnerlichten Gattungen im Literaturbetrieb weniger geschätzt, aber gerne aufeinander bezogen. Bisher war durchaus von Heine und dem ebenso hellsichtigen wie satirischen Kurt Tucholsky die Rede, aber niemals von Heine und dem, wie er sich selber bekanntlich nannte, »militanten Pazifisten«[5] Remarque. Bei beiden sind, wie

4 Martin Holländer. »Verdammt, aber nicht verschwiegen. Die Existenz Heinrich Heines in der deutschen Publizistik 1933–1945«. *Heine-Jahrbuch* 47 (2008), 169.

5 Erich Maria Remarque. *Ein militanter Pazifist. Texte und Interviews 1929–1966*. Hrsg. u. mit einem Vorwort v. Thomas F. Schneider. Köln 1998, vgl. das Gespräch mit E.M. Remarque

gesagt, durchaus Linien der überwältigenden Gemeinsamkeit zu ziehen.[6] Gerade auch Remarque ist ein ernsthafter Vertreter jener mit Heine verknüpften literarischen Richtung, die sich den Bedingungen des politischen und sozialen Lebens gestellt hat, die nämlich die Wahrheit sagt und dafür Verbot und Exil in Kauf nimmt. Beider Botschaften von Menschenrechten und Friedensappellen stellen unter Beweis, wie sehr ihnen das Recht zukommt, nach der heineschen ungebrochen wirkenden Selbstcharakteristik mit militärischer Sprachfärbung als noch so verschiedene „Soldaten im Befreiungskrieg der Menschheit" betrachtet zu werden.

Beiden sind Emphase und Skepsis, Realitätssinn und Zukunftshoffnungen eigen. Ihr Amt als Schriftsteller ist immer auch der Verzweiflung an den existentiellen Bedingungen und dem Scheitern durch Dummheit und Radikalismus geschuldet. Was beim einen das Verbot des Jungen Deutschland von 1835 für seine Schriften bedeutete, war für den anderen die Bücherverbrennung von 1933, der die beiden Romane über den Ersten Weltkrieg zum Opfer fielen. Ernest Weill, elsässischer Jude des Jahrgangs 1915 und Wirtschaftsfachmann, beschreibt in seiner 2008 erschienenen Lebensbeschreibung der ersten 30 Jahre bis 1945 unter dem sprechenden Titel *Die Loreley oder der verfluchte Mythos*, wie die Bevölkerung aus den Städten und Dörfern 1933 auf Befehl alle Bücher zusammengetragen habe, und verknüpft den jüdischen Romantiker Heine und dessen *Loreley* mit Remarques *Im Westen nichts Neues*: »All diese Bücher gingen bei riesigen Autodafés in Flammen auf.«[7] So ergibt sich also ein anderer, ebenfalls überraschender Beleg für die Zusammengehörigkeit unserer beiden Schriftsteller durch eine solche Bemerkung aus jüngster Zeit, die beim bejahrten Verfasser offenbar einer tiefenpsychologisch gesteuerten Übereinkunft von ihm verwandt zu scheinenden Autoren aus zwei unterschiedlichen Jahrhunderten zu verdanken ist.

von Heinz Liepman: »Remarque und die Deutschen« (1962), 110–117, hier vor allem 112, s. dazu die aufschlussreichen Erläuterungen des Herausgebers, 15.

6 Vgl. z.B. Gerhard Höhn. *Heine-Handbuch. Zeit, Person, Werk*. Dritte, überarbeitete u. erweiterte Aufl. Stuttgart, Weimar 2004, wo auf Tucholsky mehrmals verwiesen wird, Remarque aber nicht vorkommt.

7 Ernest Weill. *Die Loreley oder der verfluchte Mythos. Lebenserinnerungen eines elsässischen Juden 1915–1945*. Aus dem Französischen von Tilmann Moser. Gießen 2008, 155.

3. Abstand und Zusammenspiel

»Leben ist Kriegführen«, so lautet das von Seneca entliehene Motto der Generation von jüdischen Außenseitern am Ende des 18. und Beginn des 19. Jahrhunderts, von Rahel Varnhagen bis Heine selbst, eine Generation, die sich ihrerseits im Prozess von Emanzipation und Assimilation bis hin zur Taufe an die deutschen Gegebenheiten anpasste. Der Satz fällt in Heines Kondolenzbrief vom 28. März 1833 an Karl August Varnhagen von Ense aus Anlass von Rahels Tod und wird folgendermaßen fortgesetzt:

> So stehe ich nun auf der Bresche und sehe wie die Freunde rings um mich her fallen. Unsere Freundinn hat immer wacker gestritten und hat wohl einen Lorbeer verdient. [...] – ach! wir armen Menschen, mit Thränen in den Augen, müssen wir kämpfen. Welch ein Schlachtfeld diese Erde! (HSA XXI, 51)[8]

Heine fühlt sich immer wieder im Abwehrkampf gegen Zensur und Verfolgung als Objekt staatlicher Willkür und Repression. Die Anerkennung der in den Prinzipien der Französischen Revolution formulierten Forderungen nach Freiheit, Gleichheit und Brüderlichkeit musste gegen die Übermacht der Mehrheitsgesellschaft mit ihren Vorurteilen durchgesetzt werden.

Solche Bedingungen für eine sich entwickelnde demokratisch grundierte bürgerliche Gesellschaft wirkten wie ein Kampf gegen Windmühlen, nämlich des Guten gegen das Böse, sie wirkten wie eine Auseinandersetzung von Parteien bzw. Gegnern mit entsprechenden Opfern und Siegern. Heines das ganze Leben hindurch verwendete militärische Diktion mag verwundern, ist aber vor einem solchen Hintergrund zu sehen. Das aus dem kriegerischen Kontext stammende Heine-Wort vom »Soldaten im Befreiungskrieg der Menschheit« verrät bereits die prinzipielle Bedeutungsvariabilität bei von ihm benutzten Wortfügungen. Die Stelle am Schluss des XXXI. Kapitels seines Reisebilds *Reise von München nach Genua* über eine solche Schreibstrategie lautet (und mag auch die Haltung des Nachfolgers Remarque spiegeln, wie er sich im souveränen Fernsehinterview von 1963 mit Friedrich Luft äußert: »Ich würde sogar eher auf das Künstlerische

8 Heinrich Heine. *Werke, Briefwechsel, Lebenszeugnisse. Säkularausgabe*. Hrsg. von den Nationalen Forschungs- und Gedenkstätten der klassischen deutschen Literatur in Weimar und dem Centre National de la Recherche Scientifique in Paris. Berlin, Paris 1970ff. [= HSA], im Text mit Bd. und Seitenzahl zitiert.

ein wenig verzichten, wenn man damit noch mehr Erfolg haben würde für den Fortschritt.«[9]) folgendermaßen:

> Ich weiß wirklich nicht, ob ich es verdiene, daß man mir einst mit einem Lorbeerkranze den Sarg verziere. Die Poesie, wie sehr ich sie auch liebte, war mir immer nur heiliges Spielzeug, oder geweihtes Mittel für himmlische Zwecke. Ich habe nie großen Werth gelegt auf Dichter-Ruhm, und ob man meine Lieder preiset oder tadelt, es kümmert mich wenig. Aber ein Schwert sollt Ihr mir auf den Sarg legen; denn ich war ein braver Soldat im Befreyungskriege der Menschheit. (DHA VII, 74)[10]

Diese emphatische Stelle folgt jenen großen Gedanken der Erinnerung und Desillusion, was auch als Remarque-Charakteristik möglich wäre, im Angesicht des Schlachtfeldes von Marengo, wo Napoleon einen Sieg erfocht. Der Autor liebe Schlachtfelder, heißt es im vorhergehenden XXX. Kapitel, »denn so furchtbar auch der Krieg ist, so bekundet er doch die geistige Größe des Menschen, der seinem mächtigsten Erbfeinde, dem Tode, zu trotzen vermag«. Die Emphase mündet jedoch in einer individualisierenden Sicht:

> Aber ach! jeder Zoll, den die Menschheit weiter rückt, kostet Ströme Blutes; und ist das nicht etwas zu theuer? Ist das Leben des Individuums nicht vielleicht eben so viel werth wie das des ganzen Geschlechtes? Denn jeder einzelne Mensch ist schon eine Welt, die mit ihm geboren wird und mit ihm stirbt, unter jedem Grabstein liegt eine Weltgeschichte – Still davon, so würden die Todten sprechen, die hier gefallen sind, wir aber leben und wollen weiter kämpfen im heiligen Befreyungskriege der Menschheit. (DHA VII, 71)

Man könnte versucht sein zu glauben, solche Betrachtungen, nach einer erneuten grausamen Desillusion, lägen, was ihren Verweis auf die individuelle Bedeutung angeht, den Kriegsbüchern von Remarque zugrunde. Diese bieten die erschütternden, der neuen Brutalität des Krieges geschuldeten Realien, vor denen die heinesche Metaphorik allerdings neue Perspektiven und Dimensionen

9 Remarque, Texte und Interviews, 133.

10 Heinrich Heine. *Historisch-kritische Gesamtausgabe der Werke.* In Verbindung mit dem Heinrich-Heine-Institut hrsg. von Manfred Windfuhr. Hamburg 1973–1997 [= DHA], im Text mit Bd. und Seitenzahl zitiert.

gewinnt. Die Wirklichkeit Remarques hat die antiquierte Kriegsführung, die Heine als Bild benutzt, längst überholt, nicht aber die Metaphorik als solche, wie sich im Gegensatzpaar von militant und pazifistisch andeutet, das Remarque für sich selber standhaft in Anspruch nimmt. Das Individuum ist schon eine Welt. Das ist die Botschaft auch von Heines Grabspruch »Wo?«, wie er sich auf dem Montmartre-Friedhof findet (DHA II, 197)[11] – und das ist auch die Summe vieler Romane von Remarque und nicht nur der beiden Bücher über den Ersten Weltkrieg.

4. Sprache und Bedeutung

Dass die Sprache ein Gewand ist, dessen Innenleben sich verändert oder gar missbraucht werden kann, hat bereits der junge Heine in seinem ersten Reisebild *Die Harzreise* in deren 2. Bergidylle durch die Rückführung von Begriffen auf ihren ursprünglich gemeinten positiven Sinn geleistet. Damals nannte er sich in dieser Gretchenparodie, bei der es um die Frage nach dem Glauben des faustischen Harzreisenden und um die Auslegungsmöglichkeiten von biblischen Traditionen geht, anstatt ›Soldat‹ einfach nur den »Ritter von dem heil'gen Geist« (DHA VI, 110). Die dritte göttliche Person der christlichen Dreifaltigkeit ist nämlich der Garant für die Gleichheit der Menschen und für deren Menschenrechte.

Heine war seinerzeit nicht der einzige aufmüpfige Geist. Seine Denkschrift über Ludwig Börne bringt den mit ihm zerstrittenen Zwillingsbruder ins Gedächtnis. Ein Text aus deren Entstehungszusammenhang atmet Begeisterung und Selbstbewusstsein:

> Ich bin das Schwert, ich bin die Flamme.
> Ich habe Euch erleuchtet in der Dunkelheit, und als die Schlacht begann focht ich voran, in der ersten Reihe. [...] (DHA XI, 215)

Jedoch vor allem der lyrische Lebensrückblick »Enfant perdü« aus dem *Romanzero* von 1851 spielt auf der Leier der kriegerischen Sprache. Dieses Gedicht beschreibt das ganze desillusionierte Leben eines Schriftstellers, der keine Parolen

11 Das dreistrophige Gedicht ohne Überschrift beginnt: »Wo wird einst des Wandermüden / Letzte Ruhestätte seyn?«.

ausgibt, sondern weiß, dass nur Klugheit, Standhaftigkeit und Maß zu neuen Ufern führen. Die klassischen Tugenden lassen grüßen. Es seien Anfang und Schluss des sechsstrophigen Gedichts in Erinnerung gerufen:

> Verlor'ner Posten in dem Freyheitskriege,
> Hielt ich seit dreyzig Jahren treulich aus.
> Ich kämpfte ohne Hoffnung, daß ich siege,
> Ich wusste, nie komm' ich gesund nach Haus.
> [...]
> Ein Posten ist vakant! - Die Wunden klaffen -
> Der Eine fällt, die Andern rücken nach -
> Doch fall' ich unbesiegt, und meine Waffen
> Sind nicht gebrochen - Nur mein Herze brach. (DHA III, 121f.)

Remarque bedarf der Metaphern nicht mehr. Er hat real an einem furchtbaren Krieg teilgenommen, von dessen Ausmaß sich ein Dichter wie Heine in seinem - daran gemessen - geradezu harmlosen Jahrhundert gar keine Vorstellung machen konnte. *Im Westen nichts Neues* und *Der Weg zurück* enthalten gerade auf Grund der realistischen Beschreibungen, denen allerdings die Menschlichkeit den Stift geführt haben, eine Abrechnung mit dem Krieg, die jede Metaphernsprache des 19. Jahrhunderts ad absurdum führt. Remarque gehört damit zu jenen neuen Genossen, die Heine in seiner Pariser Zeit beschwört. Mit ihm hat er über die Generationen hinweg ein Schiff jener friedlichen Mission zugunsten Europas bestiegen (vgl. DHA II, 117: »Lebensfahrt«), das dennoch zwischenzeitlich den gewaltigsten Untergang erlebt hat. Die Romane zum Ersten Weltkrieg haben ein neues Kapitel der Beschreibung des Grauens, aber auch der Humanität aufgeschlagen. Und Remarque hat seine Lektion auf eine Art und Weise der schriftstellerischen Vermittlung gelernt, mit der er sich nobel in *Ein kollektives Tagebuch deutschsprachiger Schriftsteller, Künstler und Gelehrter im Ersten Weltkrieg* eingeschrieben hat, das gerade 2008 als Dokument einer total veränderten Welt samt dadurch gewandelter Wahrnehmung erschienen ist.[12]

12 *Endzeit Europa. Ein kollektives Tagebuch deutschsprachiger Schriftsteller, Künstler und Gelehrter im Ersten Weltkrieg.* Mit zeitgenössischen Farbfotografien von Hans Hildenbrand und Jules Gervais-Courtellemont. Hrsg. von Peter Walther. Göttingen 2008.

5. Schule des Lebens und pragmatische Heimat

Im Reisebild *Ideen. Das Buch Le Grand*, das die Sozialisierungsgeschichte des jungen Schriftstellers Heine vor Augen führt, empfängt der Dichter durch den aus dem Russlandfeldzug zurückgekehrten französischen Tambourmajor Le Grand die tragische Fortsetzung seines historischen Unterrichts durch die im Freien vorgenommen Trommelstunden mit den jeweiligen Märschen, die das Schlachtenleben der napoleonischen Zeit beschreiben. Die Ideale werden symbolisch in Literatur transferiert. Nicht für die Schule lernen wir, sondern für das Leben, das aber durch die Anteilnahme an einem geschlagenen Heer bzw. dessen Tambourmajor eine Färbung erhält, die wir die unauflösliche Einheit von Individuum und Gesellschaft nennen. »Schlage die Trommel und fürchte dich nicht«, heißt denn auch später die Maxime des Autors Heine (DHA II, 209). Das Verhältnis zur militärischen Sprache ist völlig ungebrochen, weil sich in ihr nichts anderes abbildet als die Gewinnung von Freiheit durch Mut und Offenheit.

Der sich dem Dienst entziehende Lehrer, der Icherzähler und gleichzeitig das Alter Ego des Schriftstellers, in Remarques zweitem Roman über den Ersten Weltkrieg *Der Weg zurück*[13] erahnt ausgesprochen wirkungsvolle Regeln für eine Aufklärungsarbeit gegen den Krieg bei der nachwachsenden Generation. Dass die Umwelt hingegen längst die Schrecken verloren hat und das kriegerische Töten gar nicht als Verbrechen begreift, sondern nur den Mord aus Affekt und Verzweiflung verurteilt, gehört zur vom Autor Remarque ausdrücklich beschriebenen Tragik des Geschichtsverlaufs (vgl. 286–298). »Was kann ich euch denn lehren?«, fragt der junge Lehrer, gewissermaßen vor der Aporie Reißaus nehmend und den Schuldienst abschüttelnd, angesichts der »großen Augen«, in denen »noch das ganze scheue Erstaunen der Kinderjahre« leuchtet.

> Hier stehe ich vor euch und soll euch nun Lehrer und Führer sein. [...] Soll ich euch sagen, daß ihr in zwanzig Jahren ausgetrocknet und verkrüppelt seid, verkümmert in euren freiesten Trieben und umbarmherzig zu Dutzendware gepresst? Soll ich euch erzählen, daß alle Bildung, alle Kultur und alle Wissenschaft nichts ist als grauenhafter Hohn, solange sich Menschen noch mit Gas, Eisen, Pulver und Feuer im Namen Gottes und der Menschheit bekriegen?

13 Erich Maria Remarque. *Der Weg zurück. Roman*. Mit einem Nachwort von Tilman Westphalen. Köln, 6. Aufl. 2007 (die Seitenzahlen werden im Text angegeben).

Und resümiert schließlich: »Da stehe ich vor euch, ein Befleckter, ein Schuldiger, und müsste euch bitten: bleibt wie ihr seid und laßt das warme Licht der Kindheit nicht zur Stichflamme des Hasses missbrauchen!« (230f.) Er gibt den Kleinen schulfrei. Das Leben wird sie aber wohl einholen.

Die Botschaft des Schulmeisterkollegen, der es schafft, ruhig und sicher auf dem Lande zu bleiben, um seinen Dienst zu tun, lautet ähnlich wie Heines Bekenntnis zur Heimat in den *Englischen Fragmenten* von 1831 und zum Rhein im Nachwort zu *Deutschland. Ein Wintermärchen* von 1844. Remarque lässt den Dorflehrer und Freund des Erzählers sagen:

> Ich will meinen Jungens das beibringen, was wirklich Vaterland ist. Ihre Heimat nämlich, und nicht eine politische Partei. Ihre Heimat aber sind Bäume, Äcker, Erde, und keine großmäuligen Schlagworte. (308)

Bei Heine hieß es in den englischen Reisebildern:

> Wie wir unsere Mutter lieben, so lieben wir auch den Boden, worauf wir geboren sind, so lieben wir die Blumen, den Duft, die Sprache und die Menschen, die aus diesem Boden hervorgeblüht sind, [...]. (DHA VII, 254).

Und im *Wintermärchen* hatte die Lösung der deutsch-französischen Rheinfrage schlicht, wenn auch ironisch gelautet:

> Seyd ruhig, ich werde den Rhein nimmermehr den Franzosen abtreten, schon aus dem ganz einfachen Grunde: weil mir der Rhein gehört. Ja, mir gehört er, durch unveräußerliches Geburtsrecht, ich bin des freyen Rheins noch weit freyerer Sohn, an seinem Ufer stand meine Wiege, und ich sehe gar nicht ein, warum der Rhein irgend einem Andern gehören soll als den Landeskindern. (DHA IV, 301)

Hier bildet ein liebevoll-ironischer Lokalpatriotismus im wörtlichsten Sinn die Lösung verfänglicher Streitfragen.

6. Resümee: Rollenspiel oder Realität

Poetische Gesten im metaphorischen wie realen Kriegsgeschehen und autobiographische Verweise auf den Kern biblisch-revolutionärer Prinzipien von Freiheit, Gleichheit und Verantwortung sind offenbar beiden Schriftstellern eigen. Die Funktion der Literatur ist trotz aller ästhetischen Eigenbedeutung immer auch eine von Aufklärung, Anklage, Kritik, Beobachtung, Ermahnung. Sie hat eine prophetische Wurzel. Man muss zweifellos den einen wichtigen Kampf führen, um überhaupt jener freien und gerechten Welt Bahn brechen zu können, die man will.

Beide Autoren spielen ihre von ihnen akzeptierte Rolle mit kämpferischer Attitüde, weil sie damit ihrer jeweiligen Realität von Abhängigkeit und Befreiung, Ohnmacht und Fortschritt als den Weltfrieden beschwörende Verfechter eines glücklichen Menschentums Ausdruck verleihen wollen. Und nur insofern sind sie auch in der Tat Soldaten im Befreiungskrieg der Menschheit, was auf alle Formen humaner Bedingungen bezogen ist, oder sie sind mit einer ebenso zwingenden, jedoch engeren Zielrichtung auf die Notwendigkeit von Friedensprozessen mit allen verfügbaren Mitteln ausgerichtet und somit militante Pazifisten. Diese letzte remarquesche oder auch einsteinsche Formulierung würde Heine wahrscheinlich für sich selber auch gerne in Anspruch nehmen. Wie schreibt er, weit vor Tucholsky und dessen immer wieder debattiertem Wort von den Soldaten als Mördern, am 18. Oktober 1832 in der Vorrede zu den *Französischen Zuständen*:

> Wenn wir es dahin bringen, daß die große Menge die Gegenwart versteht, so lassen die Völker sich nicht mehr von den Lohnschreibern der Aristokratie zu Haß und Krieg verhetzen, das große Völkerbündniß, die heilige Allianz der Nazionen, kommt zu Stande, wir brauchen aus wechselseitigem Mißtrauen keine stehenden Heere von vielen hunderttausend Mördern mehr zu füttern, wir benutzen zum Pflug ihre Schwerter und Rosse, und wir erlangen Friede und Wohlstand und Freyheit. Dieser Wirksamkeit bleibt mein Leben gewidmet; es ist mein Amt. (DHA XII, 65)

Ja, das verlorene Paradies und die unerreichte Utopie treffen sich nur in dem von der Dichtung so oft berufenen und von Heine selbst bereits als Schluss des ersten Zyklus der Prosagedichte seiner *Nordsee* beschriebenen »Frieden«, wie dieses XII. Gedicht überschrieben ist: »O Friedenswunder! Wie still die Stadt!«, heißt es dort. Der ansonsten so ironische jüdische Konvertit beschwört des »Heilands«, seines »Wahlgotte[s]« aus den italienischen Reisebildern (DHA VII, 179), Sonnenherz, zu dem die Menschen aufschauen: »Das freudig versöhnend sein rothes Blut / Hinunterstrahlte, / Und dreimalselig sprachen sie: Gelobt sey Jesu Christ!« (DHA I, 391 u. 393) Erinnert sei auch an den »schönen Friedenstraum« des größten der Gedichte *An die Mouche*, den der todkranke Dichter angesichts unaufhörlicher weltanschaulicher Konflikte im antiken Marmorsarkophag »von einer Sommernacht« träumt (DHA III, 395). – Ich kann es nicht ändern und manche mögen es nicht glauben, solche Visionen finden sich auch bei Heine. Die

Religion, zumal das Christentum, bildet ein eigenes großes Feld, übrigens auch bei Remarque. Beide bleiben vollkommen unangepasst, unbequem, als Missionare oder Wahlhelfer nicht zu gebrauchen, es sei denn für ihre je eigene Partei der Menschenrechte wie Menschenwürde.[14]

14 Es sei auf zwei weitere Heine-Stellen verwiesen: auf den Artikel VIII in den *Französischen Zuständen* v. 27. Mai 1832 und den LII. Artikel des 2. *Lutezia*-Bandes v. 4. Dezember 1842. Es heißt: 1. »Daher ist die Börse auch für uns Publizisten so wichtig. [...] Der Kurs der Staatspapiere und des Diskontos ist freylich ein politischer Thermometer, [...].« Dort ist denn auch u.a. von der »Pazifikazion Europas« die Rede. (DHA XII, 163); und 2. »Hier in Frankreich herrscht gegenwärtig die größte Ruhe. [...] Es ist alles still, [...]. Nur ein leiser, monotoner Tropfenfall. Das sind die Zinsen, die fortlaufend hinabträufeln in die Capitalien, welche beständig anschwellen; man hört ordentlich wie sie wachsen, die Reichthümer der Reichen. Dazwischen das leise Schluchzen der Armuth. Manchmal auch klirrt etwas, wie ein Messer das gewetzt wird.« (DHA XIV, 37).

Heinrich Placke

Einstein und Remarque – militante Pazifisten?

Sowohl die Tagungsmappe als auch der Programmprospekt waren mit dem Remarque-Zitat »Ich war [1929 …] was ich heute noch bin: ein militanter Pazifist«[1] beschriftet. Das Tagungsthema »Wann wird zum Mord, was man sonst Heldentum nennt?«[2] war untertitelt mit »Erich Maria Remarques militanter Pazifismus und die deutsch-europäische Friedens- und Kulturpolitik heute«. Der Ausdruck »militanter Pazifist« fällt wegen seiner einander ausschließenden Bestandteile auf und wirkt paradox.[2a] Die Literaturwissenschaft bezeichnet eine solche Stilfigur als Oxymoron (griech. »scharf*sinnig*-dumm«), z.B. traurigfroh, beredtes Schweigen, stummer Schrei.

1 »[…] Ich war dasselbe, was ich heute noch bin: ein militanter Pazifist. […]« Heinz Liepman. »Remarque und die Deutschen. Ein Gespräch mit Erich Maria Remarque (1962)«. *Erich Maria Remarque. Ein militanter Pazifist. Texte und Interviews 1929–1966.* Herausgegeben und mit einem Vorwort von Thomas F. Schneider. Köln: Kiepenheuer & Witsch, 1994 (KiWi 340), 110–117, hier 112.

2 Fragen des Wehrmachtssoldaten Ernst Graeber – auf Heimaturlaub von der Ostfront – an seinen alten Religionslehrer Pohlmann: »Wann wird zum Mord, was man sonst Heldentum nennt? Wenn man nicht mehr an seine Gründe glaubt? Oder an seinen Zweck? Wo ist die Grenze?« Auf Pohlmanns Frage, ob er damit den Krieg meine, antwortet Graeber: »[...] alles, was dazu geführt hat. Die Lüge, die Unterdrückung, das Unrecht, die Gewalt. Und ich meine den Krieg. Der Krieg, und wie wir ihn führen – mit Sklavenlagern, Konzentrationslagern und dem Massenmord an Zivilisten.« Erich Maria Remarque. *Zeit zu leben und Zeit zu sterben. Roman.* Mit einem Nachwort von Tilman Westphalen. Köln: Kiepenheuer & Witsch, 1998 (KiWi 489), 188 u. 186.

2a In gleichem Sinne verwendete der amerikanische Präsident Barack Obama kurz nach seiner Amtseinführung im Januar 2009 einen ähnlichen Ausdruck. Er werde sich, so übermitteln es verschiedene Medien, für den Nahostfrieden »aktiv und Aggressiv« einsetzen.

Das Oxymoron wird schon in der Antike, in der Mystik und im Barock u. A. als Ausdruck eines gefühlsmäßig Unsagbaren oder eines gebrochenen Weltgefühls verwendet; Remarque benutzt es häufig, vor allem zur Darstellung des positiv oder negativ Utopischen, also auch für die nukleare Apokalypse (vgl. z.B. den Remarque-Text unten).

Der Ausdruck »militanter Pazifist« taucht bei Remarque nur 1962 auf und ist, wie sich zeigen wird, für ihn unzutreffend. Er stammt ursprünglich von Albert Einstein. In einem Interview-Auszug mit dem Titel »Für einen militanten Pazifismus«[3] heißt es:

> Ich bin nicht nur Pazifist, Ich bin militanter Pazifist. Ich will für den Frieden kämpfen. Nichts wird Kriege abschaffen, wenn nicht die Menschen selbst den Kriegsdienst verweigern. Um große Ideale wird zunächst von einer aggressiven Minderheit gekämpft. Ist es nicht besser, für eine Sache zu sterben, an die man glaubt, wie an den Frieden, als für eine Sache zu leiden, an die man nicht glaubt, wie an den Krieg? Jeder Krieg fügt ein weiteres Glied an die Kette des Übels, die den Fortschritt der Menschlichkeit verhindert.[4]

Die Militanz der mittleren Sätze wirkt heute verstörend. Die Friedensbewegung der alten Bundesrepublik propagierte den Gedanken der Kriegsdienstverweigerung auch, aber das klang erheblich ziviler: »Stell dir vor, es ist Krieg, und keiner geht hin!«[5]

Der 1879 in Ulm geborene Einstein war im Alter von sechzehn Jahren in die Schweiz gegangen, um dem deutschen Militärdienst zu entgehen. Bis zum Ende

3 Zu diesem Text, als Vorwort zu *Warum Krieg?* (s. Anm. 4) abgedruckt, heißt es im Impressum des Diogenes-Verlags: »Auszug eines Interviews, das George Sylvester Viereck aufgezeichnet hat (aus: ›Einstein on Peace‹ Simon and Schuster, New York [Dez. 1931])«.

4 Albert Einstein/Sigmund Freud. *Warum Krieg? Ein Briefwechsel.* Mit einem Essay von Isaac Asimov. Zürich: Kleines Diogenes Taschenbuch, 1996 (detebe 70044), 10.

5 Die Internetrecherche nach der Herkunft dieses Spruchs führt in die USA: »Sometime they'll give a war and nobody will come – diesen von den Friedensfreunden aufgegriffenen Satz schrieb der Dichter Carl Sandburg 1936 in seinem Gedichtband *The People, Yes.*« Florian Theyermann. »Von Brecht? Unvorstellbar«. ZEIT ONLINE, http://www.zeit.de/2002/06/200206_stimmts_brecht_xml. Ob es in Deutschland aber ein Bewusstsein von dieser amerikanischen Herleitung gab, ist sehr die Frage. Verbreitet dagegen war die Vorstellung, das Zitat stamme von Brecht, worauf sich ja auch der Titel dieser Darstellung bezieht. Theyermann vertritt dagegen die Ansicht, dass der Text samt der Ergänzung »Dann kommt der Krieg zu euch« von fremder Hand einem Brechtstück beigefügt wurde.

des I. Weltkriegs hatte er seine epochalen Theorien, die spezielle und die allgemeine Relativitätstheorie, vorgelegt (1905 bzw. 1916). 1914 war er als Schweizer Staatsbürger der Forschung wegen nach Berlin gegangen, trat aber während des Krieges nicht öffentlich als Friedensaktivist hervor. Er wünscht Deutschland zugunsten der Welt die Niederlage und hofft, dass es danach als friedliches und freiheitliches Land wieder aufersteht. Er ersehnt eine der EU ähnliche »staatliche Organisation in Europa [...] welche europäische Kriege ebenso ausschließen wird, wie jetzt das Deutsche Reich eine Krieg zwischen Bayern und Württemberg.«[6]

In Briefen heißt es:

> Dies Land ist durch den Waffenerfolg 1870, durch den Erfolg auf dem Gebiete des Handels und der Industrie zu einer Art Machtreligion gekommen [...]. Diese Religion beherrscht fast alle Gebildeten , sie hat die Ideale der Goethe-Schiller-Zeit fast verdrängt, [...]. Ich bin überzeugt, dass dieser Verwirrung nur durch die Härte der Tatsachen gesteuert werden kann.

In einem anderen Brief heißt es prophetisch: »Unser ganzer gepriesener Fortschritt der Technik überhaupt der Civilisation, ist der Axt in der Hand des pathologischen Verbrechers vergleichbar [...].« Fortschritt, Technik, Zivilisation – das sind auch Stichworte aus dem unten abgedruckten Remarque-Text aus den 50er Jahren, aus denen in zeitlicher Versetzung analoge Schlüsse gezogen werden.

Um 1920 entsteht die »Nie-wieder-Krieg«-Bewegung, die einzige pazifistische Massenbewegung der Weimarer Zeit. Sie wird vom antimilitaristischen »Friedensbund der Kriegsteilnehmer« (FdK) organisiert. An jedem Jahrestag des Kriegsausbruchs sollen Massenversammlungen stattfinden. An diesen nehmen jährlich Hunderttausende teil: Gewerkschafter, Frauenverbände, Kriegsopferorganisationen, Sozialisten, bürgerliche Pazifisten. Käthe Kollwitz zeichnet jenes berühmte Plakat dazu, auf dem eine Frau ihren Arm zum Friedensschwur »Nie wieder Krieg« hochreckt. Zu den Initiatoren gehören Leute, deren Namen noch heute einer breiten Öffentlichkeit bekannt sind wie Carl von Ossietzky und Kurt Tucholsky, aber maßgeblich auch heute kaum Bekannte wie der Mediziner Prof. Georg Friedrich Nicolai und der Mathematiker Prof. Emil Julius Gumbel.[7] Und

6 Jürgen Neffe. *Einstein. Eine Biographie.* Reinbek bei Hamburg: Rowohlt, 2005, 284, hier auch die beiden folgenden Zitate.

7 Elke Suhr. *Carl von Ossietzky. Eine Biographie.* Köln: Kiepenheuer & Witsch, 1988, 94f.

in diesem Zusammenhang tritt der inzwischen im In- und Ausland bekannte und beliebte Albert Einstein als Friedenskämpfer in Erscheinung:

> »Ossietzky fuhr mit ihm im Auto umher, und man jubelte dem großen Gelehrten und Friedensprediger zu. Das war in den frühen zwanziger Jahren nach der Niederschlagung des Kapp-Putsches, ein hoffnungsvolles Berlin.«[8]

Seit 1928 propagiert Einstein die Kriegsdienstverweigerung als Mittel zur Kriegsverhinderung. Der Kriegsdienst soll in allen Ländern verweigert werden. Gemeinsam mit Sigmund Freud, Thomas Mann, Romain Rolland und Stefan Zweig unterzeichnet er 1930 einen Aufruf, in dem es heißt: »Militärische Ausbildung ist Schulung von Körper und Geist in der Kunst des Tötens.«[9] Er hebt die Rolle der Wissenschaft deutlich hervor: »Wissen Sie, was ein neuer Krieg mit den Zerstörungsmitteln, die die Wissenschaft täglich vervollkommnet, bedeuten würde?« (Vgl. hierzu den 25 Jahre später entstandenen Remarque-Text unten.) Als Einstein sich dann zu der Behauptung versteigt, das Militär könne schon zwei Prozent Verweigerer nicht verkraften, spricht der französische Pazifist Rolland von »verbrecherischer Naivität«. Im gleichen Sinne äußert sich 1988 auch der Einstein wohlgesonnene deutsch-amerikanische Historiker Fritz Stern. Er kritisiert, dass Einstein »so sehr an Frieden und Toleranz [glaubte], dass er die Kräfte, die diesen Hoffnungen im Wege standen, nur teilweise in Rechnung stellte.«[10] Einstein sei die Probleme der Welt »unhistorisch« angegangen, es habe ihm gelegentlich an »einer gewissen Wirklichkeitsnähe« gefehlt, weil seine Vorstellungen »meistens unpolitisch, von moralischem Verlangen geprägt« gewesen sei. Sein Ideal sei »Politik als Gebot der Vernunft und der Gerechtigkeit« gewesen.

8 Bericht, zitiert nach J. Neffe, 370. Zum Stichwort »hoffnungsvolles Berlin«: »Der Jazz kommt nach Berlin, Kabarett und politische Satire haben Hochkonjunktur. Architektur und Design [...] Malerei und Musik überwerfen sich mit alten und schaffen neue Traditionen. Die Avantgarde lebt ein nicht gekanntes Maß an Freiheit mit sexueller Libertinage und weiblicher Emanzipation vor. In Berichten über diese Zeit, etwa von Marlene Dietrich, Dinah Nelken oder Rosa Valetti, taucht Einstein als Nachtschwärmer und häufiger Gast in zwielichtigen Etablissements auf, der unter anderen gemeinsam mit dem Schriftsteller Erich Maria Remarque die proklamierte ›freie Liebe‹ und die ›neue Frau‹ feiert.« J. Neffe, 308.

9 J. Neffe, 311, hier auch die beiden folgenden Zitate.

10 Zit. nach Wolfram Wette. »Im Ernstfall scheitern? Einsteins Befürwortung der ›Bombe‹ 1939«. Stephan Albrecht, Reiner Braun, Thomas Held (Hgg.). *Einstein weiterdenken/ Thinking Beyond Einstein.* Frankfurt am Main: Peter Lang, 2006, 369–381, hier 370.

Und dann kommt der 30. Januar 1933. Dass Hitler Krieg bedeuten würde, war durchgängig Ansicht aller Nazigegner, auch Einsteins. Aber mit den Konsequenzen, die er daraus zog, stand Einstein allein und verprellte seine pazifistischen Freunde. Jetzt gelte es, »umzulernen«, wie er sich am 1. Juli 1933 in einem Schreiben an die Radikalpazifisten Hugenholtz und Lehmann-Russbüldt ausdrückt.

> Das bedeutet, dass Einstein jetzt einen radikalen Positionswechsel vollzog. Er entsagte seinem absoluten Pazifismus, den er zuvor so glühend vertreten hatte, und empfahl den westlichen Regierungen, sich auf einen Angriffskrieg Deutschlands vorzubereiten und sich gegen diese Gefahr durch militärische Aufrüstung zu wappnen.[11]

Jetzt dürfe in Frankreich, Belgien oder England niemand den Kriegsdienst verweigern, um nicht der befürchteten deutschen Aggression Vorschub zu leisten. Einstein äußert in den USA auch schon 1933:

> Ich kann es nicht fassen, warum die ganze zivilisierte Welt sich nicht zum gemeinsamen Kampf zusammengeschlossen hat, um dieser modernen Barbarei ein Ende zu bereiten. Sieht denn die Welt nicht, dass Hitler uns in einen Krieg hineinzerrt?[12]

Einstein ruft also zu einem Präventivkrieg gegen Deutschland auf. Das erscheint uns heutzutage ziemlich fragwürdig. Kann oder muss man Einstein nach seiner radikalen Wende nun als Kriegshetzer bezeichnen?

Er bleibe trotzdem prinzipiell Pazifist, aber nicht um jeden Preis, äußert er. Das löste bei vielen Friedensfreunden Irritationen und Angriffe gegen Einstein aus. Wie sich Einstein zur Wehr setzte, zeigt ein Schreiben vom 28. August 1933 an den französischen Pazifisten Alfred Nahon:

> Solange Deutschland durch materielle Rüstung und Abrichtung der Bürger systematisch den Revanchekrieg vorbereitet, sind die westeuropäischen Länder leider auf militärische Abwehr angewiesen. Ich behaupte sogar, dass sie, wenn sie klug

11 Wette, 371.

12 Einstein in einem Interview, das am 19. 09.1933 in *New York World Telegram* erschien, zit. nach Wette, 372.

> und vorsichtig sind, nicht warten werden, bis sie angegriffen sind [...]. Dies können sie nur, wenn sie hinreichend gerüstet sind. Dies zu sagen macht mir wenig Freude, denn ich hasse in meinem Herzen Gewalt und Militarismus nicht weniger als je zuvor. Ich kann aber meine Augen nicht vor der Wirklichkeit verschließen. Wenn Sie einen anderen Weg wissen, wie die frei gebliebenen Länder sich schützen können, so bin ich gerne bereit, von Ihnen zu lernen. Ich aber weiß keinen anderen Ausweg, solange der gegenwärtige bedrohliche Zustand nicht überwunden ist. Wenn es aber andererseits keinen anderen Ausweg gibt, müssen wir so ehrlich sein, es anzuerkennen.[13]

Dieses Argumentationsmuster erinnert heute fatal an den preemptiv strike gegen den Irak! Man dürfe Hitler erst gar nicht zu Machtentfaltung und Aufrüstung kommen lassen. Schon in wenigen Jahren werde Nazideutschland überlegen sein, eine Argumentation, die heute gegen den Iran vorgebracht wird. Dann aber seien »große Blutopfer gewiss und der Erfolgrecht zweifelhaft«. Und im Weiteren: die Westeuropäer dürften »nicht warten, bis sie angegriffen« würden. Eine »absolute militärische Überlegenheit« der Westmächte als Garantiemächte des Versailler Vertrags sei von Nöten. In diesem Sinne – Nur keine Appeasementpolitik! – verliefen auch die Unterredungen mit Churchill, Chamberlain und Lloyd George im September 1933 in London; wie man weiß, ohne Erfolg!

Der strukturelle Vergleich damaliger und heutiger Argumentationsmuster ist nur auf der Grundlage des Wissensstandes der Anfangszeit des Naziregimes legitim, nicht, wenn man den Ausgang der Nazigeschichte mit in Betracht zieht. Noch ist der Verlauf der Ereignisse offen, und nicht wenige Politiker in Europa sind geneigt, Hitlers Friedensbeteuerungen Glauben zu schenken. Nicht nur Einstein, auch andere prominente deutsche Pazifisten im westlichen Exil bemühten sich intensiv, ihre Gastländer von deren Gutgläubigkeit gegenüber Hitler-Deutschland abzubringen und sie vor Abrüstung zu warnen. So etwa Emil Julius Gumbel in Frankreich oder Helmut von Gerlach und Otto Lehmann-Russbüldt in England. Jemand wie der nach Frankreich geflohene Pazifist Ernst Friedrich, 1924 mit dem Buch *Krieg dem Kriege!* international bekannt geworden, meldete sich nun freiwillig zur französischen Fremdenlegion. – Wollten auch vor Kriegsausbruch nur wenige Einstein glauben, so gibt es dann doch eine Bestätigung von unerwarteter Seite. Am 5. April 1940 äußert NS-Propagandaminister Goebbels in einem Hintergrundgespräch vor geladenen deutschen Pressevertretern:

13 Wette, 371.

> 1933 hätte ein französischer Ministerpräsident sagen müssen (und wäre ich französischer Ministerpräsident gewesen, ich hätte es gesagt): der Mann ist Reichskanzler geworden, der das Buch »Mein Kampf« geschrieben hat, in dem das und das steht. Der Mann kann nicht in unserer Nachbarschaft geduldet werden. Entweder er verschwindet, oder wir marschieren. Das wäre durchaus logisch gewesen. Man hat darauf verzichtet. Man hat uns gelassen, man hat uns durch die Risikozone ungehindert durchgehen lassen, und wir konnten alle gefährlichen Klippen umschiffen, und als wir fertig waren, gut gerüstet, besser als sie, fingen sie den Krieg an.[14]

Der letzte Satz stellt die Bündnisverpflichtungen auf den Kopf und macht aus den Westmächten mutwillige Aggressoren. Dabei stellte man sich in Frankreich die bange Frage: Mourir pour Danzig (Warschau, Paris)?

Als Hitler Reichskanzler wurde, hielt Einstein sich im kalifornischen Pasadena auf. Seine Reisen zwischen den Kontinenten hatten in ihm den Plan reifen lassen, zwischen Berlin und Princeton, das später dann sein Exilort werden sollte, hin und her zu wechseln. Vorerst kehrt er nach Europa zurück, aber nicht nach Deutschland, sondern nach Belgien, wo er den Sommer verbringt. Am 9. September reist Einstein nach Großbritannien, um in London mit Churchill, Chamberlain und Lloyd George zu sprechen. Kurz vor seiner Abreise in die USA Mitte Oktober spricht er noch vor 10.000 applaudierenden Menschen in der Royal Albert Hall. – *Warum Krieg?* ist in einer winzigen Auflage im Frühjahr 1933 erschienen.

Die eigentliche Sünde wider den Geist des Pazifismus aber begeht Einstein im Exil, als er den Bau der Atombombe befürwortet. Das ist auch der Grund, weshalb Wolfram Wette seinen Aufsatz mit »Im Ernstfall scheitern?« übertitelt. Grund für den folgensschweren Brief vom 2. August 1939 an Präsident Roosevelt ist das »Uranprojekt«, an dem in Nazideutschland namhafte Nuklearphysiker wie Carl Friedrich von Weizsäcker, Otto Hahn oder Werner Heisenberg und andere arbeiten. Es lässt die Befürchtung aufkommen, dass Nazideutschland an der Entwicklung einer Atombombe arbeitet.

Die gängige Darstellung, wie Einstein zu diesem Brief kam, in dem Roosevelt aufgefordert wurde, die experimentelle Forschung für eine amerikanische Atombombe zu beschleunigen, besagt: Der exilierte ungarische Physiker Leo Szilard habe, um Einsteins internationales Renommee für das Vorhaben zu

14 Zit. nach Wette, 376.

nützen, diesem einen fertig vorformulierten Brief lediglich zur Unterschrift vorgelegt. Einstein sei sich eventuell der Tragweite des Unterfangens nicht einmal bewusst gewesen. Diese Darstellung spricht Einstein von der Verantwortung für die Atombombenabwürfe auf Hiroshima und Nagasaki weitgehend frei. Ganz anders sieht das der Biograf Jürgen Neffe, der diese Darstellung als Legende bezeichnet:

> Der Legende zweiter Teil stammt von Einstein selbst. »Man hat mir einen fertigen Brief gebracht, und ich habe bloß unterschrieben«, lautet seine bitterste Lebenslüge. Tatsächlich hat er bei einem zweiten Treffen mit Szilard und dessen Landsmann Edward Teller (dem späteren »Vater« der Wasserstoffbombe) Ende Juli selber den Entwurf zu dem Schreiben diktiert, das Präsident Roosevelt am 3. Oktober 1939 überreicht wird – unterzeichnet mit feiner Handschrift von A. Einstein.[15]

Deutlich anders schildert Robert Jungk schon 1956 diesen Vorgang:

> Trug Szilard damals schon den fertigen Brieftext in der Tasche mit sich? Das behaupten sowohl Teller als auch Einstein selbst, der stets erklärt hat, er habe dieses historisch so wichtige Schreiben lediglich unterzeichnet. Szilard dagegen meint: »Soweit ich mich erinnere, diktierte Einstein Teller auf deutsch einen Brief, und ich benutzte diesen Text als Unterlage zum Entwurf zweier Briefe, eines kürzeren und eines längeren, an den Präsidenten und überließ es Einstein, welchen er vorziehe. Er wählte den längeren.[16]

Was beinhaltet nun das Schreiben an Roosevelt?

> »Einige [...] neue Arbeiten von E. Fermi und L. Szilard lassen mich annehmen, dass das Element Uran in absehbarer Zeit in eine neue wichtige Energiequelle verwandelt werden könnte«, hieß es darin. »Das neue Phänomen würde auch zum Bau von Bomben führen. [...] Eine einzige Bombe dieser Art, auf einem Schiff befördert oder in einem Hafen explodiert, könnte unter Umständen den ganzen Hafen und Teile der umliegenden Gebiete völlig vernichten.«[17]

15 J. Neffe, 418f.

16 Robert Jungk. *Heller als tausend Sonnen. Das Schicksal der Atomforscher*. Stuttgart: Henry Govert, 1956, 95f.

17 J. Neffe, 419.

Einstein macht Roosevelt darauf aufmerksam, dass Deutschland möglicherweise Kernspaltung zu militärischen Zwecken erforsche. In einem zweiten Schreiben vom 7. März 1940 an den Präsidenten gibt er zu bedenken:

> Seit Ausbruch des Krieges besteht in Deutschland erhöhtes Interesse am Uran [...]. Ich habe jetzt gehört, dass die Forschungen in größter Verschwiegenheit fortgeführt werden und auf einen weiteren Zweig der Kaiser-Wilhelm-Gesellschaft, das Institut für Physik, ausgedehnt worden sind.[18]

1939 hatten der deutsche Physiker Otto Hahn und sein Mitarbeiter Fritz Strassmann die Kernspaltung beim Beschuss von Uran mit Neutronen entdeckt. Strassmann war Nachfolger von Lise Meitner, die Deutschland 1938 als rassisch Verfolgte verlassen musste, aber seit Jahren mit Hahn zusammengearbeitet hatte. Hahn, dem die Bedeutung seiner Entdeckung nicht recht klar war, berichtete Meitner brieflich in ihr Exil in Schweden, und sie erst interpretierte das Forschungsergebnis in seiner ganzen Tragweite.

Bisher waren die Atomforscher eine Scientific Community gewesen. Man kannte einander, hatte miteinander studiert und in den europäischen Zentren der Physik Forschungen betrieben, bei Enrico Fermi in Rom, bei Frédéric und Irène Joliot-Curie in Paris und mit Niels Bohr in Göttingen (Stichwort »Bohr-Festspiele«). Das Göttinger Institut für Theoretische Physik unter Leitung von Max Born zeichnete sich dadurch aus, dass Professoren und Studenten bei einem so neuen Wissensbereich darauf angewiesen waren, voneinander zu lernen. Werner Heisenberg, Leo Szilard und auch Edward Teller gehörten in den glücklichen Jahren der physikalischen Forschung an der Universität Göttingen 1923 bis 1932 zu den inspirierten Nachwuchskräften, so auch Robert Oppenheimer, unter dessen Leitung dann im »Manhattan-Projekt« ab 1942 die amerikanische Atombombe konstruiert wurde; Arthur Compton und Enrico Fermi gelingt am 2. Dezember 1942 die erste kontrollierte Kettenreaktion in den USA.

Spätestens seit Heisenberg im September 1941 Bohr im besetzten Kopenhagen aufsuchte und ein mysteriöses Vier-Augen-Gespräch führte, kam Misstrauen auf. Möglicherweise wollte er signalisieren, dass in Deutschland keine Atombombenforschung betrieben würde; Bohr jedenfalls war höchst alarmiert und floh kurz danach über Schweden in die USA. Die dortigen Physiker, auch die aus Europa exilierten, hatten die Veröffentlichungen aus Deutschland, z.B. von Otto Hahn, mit Aufmerksamkeit verfolgt. Man befürchtete nun, dass Nazideutschland eine

18 Ebd.

Atombombe entwickeln könnte. – Bezeichnend für die USA ist, dass in diesem Zusammenhang – etwa beim Manhattan-Projekt – der Name Einstein abgesehen von den Briefen an Roosevelt gar nicht auftaucht; das FBI hatte ihn wegen seiner pazifistischen Neigungen und seinen in diesem Zusammenhang entstandenen Kontakten zu Linken und Kommunisten zum Sicherheitsrosiko erklärt.[19]

Die Ergebnisse des Manhattan-Projekts sind allgemein bekannt: Auf dem Testgelände Alamogordo (New Mexico) wird am 16. Juli 1944 unter strenger Geheimhaltung der erste Atomsprengkörper mit Namen »Trinity« gezündet. Der Abwurf der Uranbombe »Little Boy« auf Hiroschima findet am 6. August statt (Sprengkraft von 20 kt TNT, 60.000–92.000 Tote, 37.000–100.000 Schwerverletzte); drei Tage später erfolgt der Abwurf der Plutonium-Bombe »Fat Man« auf Nagasaki (25.000–75.000 Tote und Verletzte, 3. produzierte Atombombe). Schon zuvor war unter den Forschern am Manhattan-Projekt eine Diskussion darüber entstanden, welchen Sinn ihr Werk noch habe. Szilard, der Einstein zu dem Brief an Roosevelt bewogen hatte, äußert nun:

> Während des ganzen Jahres 1943 und eines Teils von 1944 war es unsere größte Sorge, dass die Deutschen eine Atombombe vor der Landung in Europa fertig stellen könnten [...]. 1945 aber, als wir aufhörten, uns Sorgen darüber zu machen, was die Deutschen uns antun könnten, begannen wir uns besorgt zu fragen, was die Regierung der Vereinigten Staaten wohl anderen Ländern antun könnten.[20]

Auf Anraten von Szilard schreibt Einstein nun noch einen Brief an den Präsidenten mit der Bitte, die Wirkung der Atombombe über unbewohntem Gebiet oder über dem Meer zu demonstrieren und Zivilisten zu verschonen; sein Eintreten für den Krieg war immer nur gegen Deutschland gerichtet. Man fand den Brief nach Roosevelts Tod am 12. April 1944 ungeöffnet auf dessen Schreibtisch.[21] Das Zeitalter der Nuklearwaffen aber hatte schon seine Eigendynamik bekommen:

> Wenn ich gewusst hätte, dass es den Deutschen nicht gelingen würde, die Atombombe zu konstruieren, hätte ich mich von allem ferngehalten. [...] Ich denke, ich habe einen Fehler in meinem Leben gemacht, jenen Brief unterschrieben zu haben.[22]

19 J. Neffe, 421ff.
20 Zit. nach Jungk, 184.
21 J. Neffe, 424.
22 Einstein, zit nach J. Neffe, 427.

One World or None war in den angelsächsischen Staaten die Maxime, die unter den Eindruck des atomaren Kriegsendes entstanden war. Sie bezeichnet das Bestreben, internationale Angelegenheiten einvernehmlich und unter Wahrung des Weltfriedens zu regeln. Unter diesem Aspekt wurde am 26. Juni 1945 die UNO gegründet. Am 14. Juni 1946 legte der amerikanische Delegierte in der UN-Atomenergiekommission einen Plan vor, der das Verbot der Herstellung von Atomwaffen vorsieht, ferner die Übergabe vorhandener Atombomben und das Wissen über sie an die UNO sowie das Non-Proliferations-Gebot; Uran und Plutonium sollen internationales Eigentum für friedliche Nutzung werden. Dies alles noch Jahre vor dem Ende des US-Atomwaffenmonopols im September 1949. Ähnliche Vorstellungen entwickelte auch Einstein, der aber eine Weltregierung postulierte, der er das Atommonopol übereignen wollte. Zudem betonte er die Verantwortung der Wissenschaftler bei der Aufklärung der Völker und besonders der Regierungen über die drohenden Vernichtungen bei atomar geführten Kriegen. Einstein, nach dem ihm einzig vertretbaren Krieg, dem gegen die Nazis, nunmehr wieder strikter Pazifist, tritt jetzt vehement für den Weltfrieden ein.

Kein Jahr nach dem Baruch-Plan, nämlich am 12. März 1947, wird die Truman-Doktrin verkündet, die die Welt in zwei auf manichäische Weise eindeutig bewertete, einander widersprechende Gesellschaftsordnungen einteilt: die »freie Welt« (zu der auch rechtsgerichtete Diktaturen gezählt werden) und den »Ostblock«. Letzterem gegenüber werden in der Folge Vorstellungen entwickelt wie Containment (Eindämmung), Deterrance (Abschreckung), Roll Back (Rückeroberung) und Massive Retaliation, worunter der Gegenschlag mit Atomwaffen zu verstehen ist.

Am 8. Mai 1951 gibt es auf dem Eniwetok-Atoll die erste explosionsartig verlaufende Kernverschmelzung. Das ist die Urform der Wasserstoffbombe. Während der aus Deutschland exilierte Physiker Hans Bethe immer stärkere Bedenken gegen die H-Bombe äußert, war der wie Bethe unter Oppenheimer an der Entwicklung der A-Bombe beteiligte Physiker Edward Teller von Anfang an für die Wasserstoffbombe gewesen.

> Die H-Bombe, wie man sie von jetzt an nannte, weckte noch einmal die gleiche Furcht und Empörung wie die erste Atombombe. Männer der Kirche, Gelehrte, Politiker, Leitartikler in aller Welt warnten und drängten auf einen neuen Verständigungsversuch zwischen Ost und West. [...] Der Nobelpreisträger A. H. Compton verlangte: »Das amerikanische Volk muss selber sagen, ob es sich mit solchen Waffen verteidigen will. Das ist keine Frage für militärische oder wissenschaftliche Fachleute alleine...« Szilard erklärte in einer Rundfunksendung, die radioaktive Wirkung der »Superbombe« könne so sehr erhöht werden, dass schon die Explo-

> sion von fünfhundert Tonnen schweren Wasserstoffs genüge, jedes Leben auf der Erde auszulöschen. Albert Einstein rief voll Entsetzen aus: »Der Rüstungswettlauf zwischen den Vereinigten Staaten und der Sowjetunion nimmt hysterischen Charakter an. Auf beiden Seiten werden die Mittel zur Massenausrottung mit fieberhafter Hast hinter den Mauern der Geheimhaltung vervollkommnet [...]. Und am Horizont taucht immer deutlicher die allgemeine Vernichtung auf...«[23]

Diese öffentliche Diskussion, die besonders bei Einstein von einem verantwortungsethischen Nuklearpazifismus getragen ist, spielt sich zur Zeit des Kalten Krieges ab, in der in den USA jeder, der gegen die Wasserstoffbombe Bedenken äußert, als Saboteur, Verräter und Kommunistenfreund verteufelt wird.

Nach vielen militant pazifistischen Aktivitäten hat Einstein am Ende seines Lebens zusammen mit dem britischen Philosophen und Mathematiker Bertrand Russel das Russel-Einstein-Manifest[24] entworfen und noch kurz vor seinem Tod (18.04.1955) unterzeichnet. Es wurde am 9. Juli 1955 veröffentlicht und von Russell mit einem Begleitschreiben an die Regierungen der Großmächte versandt. Es entstand also zur gleichen Zeit wie der unten abgedruckte Remarque-Text und kann hier nur auszugsweise zitiert werden. Der Text betont mitten im Kalten Krieg seine Überparteilichkeit:

> Wir sprechen hier nicht als Angehörige dieser oder jener Nation, dieses oder jenes Erdteils oder dieses oder jenes Glaubensbekenntnisses, sondern als menschliche Wesen, als Angehörige der Spezies Mensch, deren weitere Existenz zweifelhaft geworden ist. Die Welt ist voller Streitigkeiten, und der titanische Kampf zwischen Kommunismus und Antikommunismus überschattet alle kleineren Konflikte.

Das überbordende Gefahrenpotenzial wird behutsam dargestellt und etwa durch den Vergleich der Zerstörungskraft der Hiroshima-Bombe mit einer H-Bombe konkretisiert, die in der Lage ist, Städte wie London, New York oder Moskau auszulöschen. Schlimmer noch:

> dass ein Krieg mit H-Bomben der menschlichen Rasse ein Ende setzt. Es ist zu befürchten, daß beim Einsatz vieler H-Bomben ein allgemeines Sterben anhebt –

23 Jungk, 293f.
24 Quelle: Website von Pugwash Deutschland: http://www.pugwash.de (pdf-Datei).

> plötzlich und schnell für die Minderzahl, für die Majorität hingegen als qualvolle Krankheit und langsames Dahinwelken. [...] Hier also liegt das Problem, nackt, furchtbar und unausweichlich: Werden wir dem Menschengeschlecht den Untergang bereiten, oder wird die Menschheit auf Krieg verzichten?

Das jeden anklagenden Ton vermeidende Manifest setzt auf Sachlichkeit, vermeidet in strikter politischer Neutralität jeden anklagenden Ton und wägt emotionslos Glück und Untergang der Menschheit ab. Indem es auf die gemeinsamen Interessen aller Menschen verweist, versucht es, auf dem Höhepunkt des Kalten Krieges den Positionen von One World or None wieder Geltung zu verschaffen.

Ganz anders der Eingangstext zu Remarques Roman *Der schwarze Obelisk* (1956)[25] Diesen Text, der der Handlung des Romans vorangestellt ist, hätte Remarque, der niemals wie Einstein durch öffentliche Auftritte oder Aufrufe hervorgetreten ist, als Zeugnis für sich als militanten Pazifisten in Anspruch nehmen können:

> Scheltet nicht, wenn ich einmal von alten Zeiten rede. Die Welt liegt wieder im fahlen Licht der Apokalypse, der Geruch des Blutes und der Staub der letzten Zerstörung sind noch nicht verflogen, und schon arbeiten Laboratorien und Fabriken aufs neue mit Hochdruck daran, den Frieden der Welt zu erhalten durch die Erfindung von Waffen, mit denen man den ganzen Erdball sprengen kann. –
>
> Den Frieden der Welt! Nie ist mehr Darüber geredet worden und nie weniger dafür getan worden als in unserer Zeit; nie hat es mehr falsche Propheten gegeben, nie mehr Lügen, nie mehr Tod, nie mehr Zerstörung und nie mehr Tränen als in unserem Jahrhundert, dem zwanzigsten, dem des Fortschritts, der Technik, der Zivilisation, der Massenkultur und des Massenmordens. –
>
> Darum scheltet nicht, wenn ich einmal zurückgehe zu den sagenhaften Jahren, als die Hoffnung noch wie eine Flagge über uns wehte und wir an so verdächtige Dinge glaubten wie Menschlichkeit, Gerechtigkeit, Toleranz – und auch daran, dass *ein* Weltkrieg genug Belehrung sein müsse für eine Generation. –

Dieser Text klagt die Vernunftlosigkeit der Mächtigen an und ist eine verzweifelte Warnung vor dem atomaren Abgrund. Er hält Äquidistanz zu den politischen

25 Erich Maria Remarque. *Der schwarze Obelisk. Roman.* Mit einem Nachwort von Tilman Westphalen. Köln: Kiepenheuer & Witsch, 1998 (KiWi 488), 9.

Systemen. Seine Emotionalität verweist z.B. durch Sarkasmus auf die drohende Apokalypse.

Heute nach dem Ende des Ost-West-Konflikts und nach dem Urknall des einundzwanzigsten Jahrhunderts am 11. September 2001 ist das Atomwaffenthema in den Hintergrund getreten. Die neuen asymmetrischen Kriege gegen den Terrorismus beherrschen die Diskussionen. Die Nuklearwaffenthematik findet noch die meiste Beachtung, wenn sie in das Terrorismusthema eingebunden ist; es gibt eine Angst vor einer »schmutzigen Bombe« in Terroristenhand. Atomwaffen auf der Achse des Bösen – Iran (unter Verdacht) und Nord-Korea – werden von den Mächtigen des Westens scharf kritisiert; von Israel dagegen spricht man nicht. Wenn die USA spaltbares Material an Indien liefern, das den Atomwaffensperrvertrag nicht unterzeichnet hat, ist das nur eine kurze Meldung wert.

Dirk Sager

Krieg der Medien

Schon lange bevor die Propaganda-Maschinen des 20. Jahrhundert aufheulten, wussten die Regierungen von dem Nutzen der Medien im Fall eines kriegerischen Konflikts. Wenigstens für einen Moment sei das Thema »Krieg der Medien« seiner düsteren Umklammerung entrückt – mit der Erinnerung an eine Episode aus dem 19. Jahrhundert.

Der preußischen Regierung war 1870 in dem Konflikt mit Frankreich, der in einen Krieg mündete, sehr daran gelegen, dass Journalisten die Liebe zum Vaterland stärken und die militärische und moralische Verwundbarkeit des Gegners ins rechte Licht rücken. So sah man es gerne, dass sich nach Ausbruch des Krieges in Berlin ein berühmter Journalist aufmachte, um seine Leserschaft mit Berichten aus dem feindlichen Land zu erbauen.

Das Unternehmen ging gründlich schief. Statt sich den heldenhaften preußischen Soldaten zuzuwenden, besuchte er in einem Dorf das Geburtshaus der Jeanne d'Arc und fiel gelegentlich dieser Exkursion in die Hände des Feindes. Später, nach der Freilassung, hielt er in einem Buch fest, wie es ihm unter den Franzosen ergangen war.

Dass er, entgegen seiner Befürchtung, nicht sogleich als Spion vor füsiliert wurde, dass das Bemühen um gute Behandlung der Gefangenen nicht nur ihm, dem Prominenten, sondern allen Preußen gegolten habe, dass die französischen Offiziere einfühlsam gewesen seien und er sich schließlich mit einer Umarmung von dem Festungsoffizier verabschiedet habe, in dessen Verantwortungsbereich er die Gefangenschaft auf einer Insel im Atlantik verbrachte.

Das ist sogar nicht, was eine Regierung sich wünscht von der Darstellung des Feindes, weshalb dem Autor, Theodor Fontane, auch die erhoffte Premierung seines Werkes durch den König versagt blieb.

Fontane erwies der französischen Nation und ihrer Kultur Respekt, was damals keineswegs selbstverständlich war, verweigerte sich Hurra-Patriotismus, und zeigte vom Gegner das Bild würdiger, vom Kriege geplagter Menschen. Das Gegenteil von dem was Kriegspropaganda braucht.

Kein Feindbild.

Die Fachliteratur des 20. Jahrhunderts, in dem der mediale Umgang mit angeblichen Feinden seine teuflische Meisterschaft erreichte, fasst zusammen: Es gelte »die eigenen Bevölkerung von der Richtigkeit des Krieges und der Bosheit des Feindes zu überzeugen«. Der Feind ist aggressiv, bedroht das eigene Land und andere Völker.

Der Feind, das gilt für die nationalsozialistische Propaganda gegen die Meschen in Europas Osten, ist ein Untermensch. Die Propaganda zielt nicht nur darauf, den Krieg zu rechtfertigen, die Opfer auf der eigenen Seite, die er verlangt, sondern auch die Unmenschlichkeit und Missachtung des Völkerrechts in der eigenen Kriegsführung zu entschuldigen und den einzelnen Soldaten zu enthemmen. Es gilt das zynische Motto: Der Zweck heiligt die Mittel.

Das Feindbild ist notwendig in der Phase der Vorbereitung eines Krieges zur Einstimmung und Mobilisierung der Öffentlichkeit, es ist Teil der Kriegführung selbst und spielt auch eine wichtige Rolle in der Zeit danach, in der die Geschichte des Krieges geschrieben wird – von den Historikern, Romanciers oder auch – wie in der Bundesrepublik der Nachkriegszeit – durch erzählte Geschichte, »oral history«, die verklärenden Erinnerungen, in denen die Verbrechen des Krieges in Polen und der Sowjetunion keinen Platz hatten. So entstand der Mythos von der unschuldigen Wehrmacht, von dem die Bundesrepublik erst sehr viel später und unter großen Schmerzen Abschied nahm.

Das Buch, das dieser Tagung das Motto gibt, geriet selbst in den Streit um die Deutung des Gewesenen, wie Tilman Westphalen im Nachwort zur Neuerscheinung von *Zeit zu Leben und Zeit zu sterben* darlegt. Der deutsche Verleger Kiepenheuer weigerte sich, die englische Originalfassung zu publizieren und drang auf eine gemilderte, sogar Sinn entstellende Version, um dem deutschen Leser den Blick auf die deutschen Verbrechen zu ersparen. Das war die Zeit des Kalten Krieges, hinter dessen neuerlicher Mobilisierung die Deutschen meinten, die begangenen Verbrechen in Osteuropa verbergen zu können.

Dabei war Remarques Darstellung der deutschen Kriegsverbrechen schon zurückgenommen, vergleicht man sie etwa mit dem Buch von Wassili Grossman *Leben und Schicksal*. Grossman hatte als Reporter der Armee-Zeitung *Krasnaja Swesda* die russischen Soldaten durch die Jahre des Krieges begleitet. Vom Rückzug bis vor die Tore Moskaus 1941, er war in Stalingrad, war bei der Befreiung der Konzentrationslager dabei und kam bis Berlin und Schwerin. Er war auch in dem Dorf in der Ukraine, in dem seine Mutter gelebt hatte. Ihre Ermordung verfolgte ihn bis in die späten Jahre.

Nicht alles, was er erlebte, konnte er in seiner Zeitung veröffentlichen, sondern nur seinen Tagebüchern anvertrauen, die er verbotener Weise führt. Er sah die Fehler der sowjetischen Kriegführung, durchschaute die laute stalinistische Propaganda und war entsetzt über die Plünderungen und Vergewaltigungen bei Kriegsende. Darüber durfte nicht geschrieben werden.

Am meisten machte ihn betroffen, dass der deutsche Mord an der jüdischen Bevölkerung von der sowjetischen Führung tabuisiert wurde. Nicht um das Ansehen der Deutschen zu schonen, sondern weil der sowjetische Antisemitismus das Bild einengte. Babi Jar, die zahllosen Orte des Schreckens, das war jeder Ort, der von der deutschen Wehrmacht erobert wurde – der Mord an den Juden fand in der sowjetischen Geschichtsschreibung nicht statt.

»Es ist die Pflicht des Schriftstellers und Journalisten, die schreckliche Wahrheit zu berichten, die des Lesers, sie zu erfahren. Jeder, der sich abwendet, der die Augen verschließt und vorbeigeht, verletzt die Andenken der Toten«, notiert Grossman, als er vor dem Vernichtungslager Treblinka steht und sich innerlich auflehnt gegen ein innenpolitisches Feindbild der stalinistischen Sowjetunion.

Im »Krieg der Medien« steht in vorderste Linie der Journalist, der Zeuge, der seine Augen vor der Wahrheit verschließen kann – oder der gehindert wird, die Wahrheit zu schreiben, wie im Falle Grossmans. Auch der Roman, den er über den Krieg verfasste, fiel unter dieses Diktum. Der KGB beschlagnahmte 1962 alle Manuskripte. Wenig später starb Grossman, ein großer Zeuge des letzten Jahrhunderts, in Moskauer Einsamkeit. Mutigen Freunden gelang die Rettung eines Durchschlags, der später in den Westen geschmuggelt wurde. So blieb ein großartiges Zeugnis vom Grauen des letzten Jahrhunderts der Nachwelt erhalten.

Großartig, weil der Autor sich den Blick auf Menschen bewahrte.

Das ist die erste Frage: wie verhält sich der einzelne Berichterstatter, erliegt er dem Rausch der vaterländischen Gesänge oder bleibt er seiner Rolle treu, von dem zu berichten, was ist. Wobei eine eigene Erfahrung die Richtschnur prägte: Man weiß nur, was man sieht. Man muss vor Ort sein, darf sich nicht allein auf die Bulletins der kriegsführenden Parteien verlassen, sondern muss sich auch der Zivilbevölkerung zuwenden, den eigentlichen Opfern der Kriegshandlungen.

Wenn man auf das vergangene Jahrhundert zurückschaut, auf die ausgefeilten Techniken der Propagandaapparate, mit denen die Diktaturen sich aufrüsteten, die platten Stereotypen, mit denen der Gegner etikettiert und um sein Menschsein gebracht wurde, damit die eigene Truppe ihr Menschsein vergaß, möchte von einem vergangenen Phänomen sprechen.

Doch nur die Kommunikationstechniken haben sich weiter entwickelt, das Fernsehen kam als Medium hinzu mit seiner scheinbaren Annäherung an jeden entlegenen Ort, mit seinem Anspruch, mit Bildern die Wirklichkeit zu spiegeln.

Die Entwicklung schaffte nicht mehr Klarheit, sondern nur neue Weg der Manipulation durch Medien oder der Medien durch die Regierung.

Die Diktaturen hatten sich der Zeitungen und des Rundfunks bemächtigt, um sie – nicht nur aber auch – zum Instrument der Kriegführung zu machen. Aber auch demokratische Gesellschaften mit unabhängigen Medien sind nicht gefeit, weil sie sich zu angeblichen Patriotismus verpflichtet fühlen oder dem Zeitgeist erliegen. Der ältere Teil der Elite der deutschen Nachkriegsjournalisten hatte in Propagandakompanien gedient oder war im Apparat dem Regime dienlich gewesen. So mochte es angehen, dass diese Stereotypen vom Feind im Osten unbeschadet in die demokratische Welt des Nachkriegsdeutschlands übernommen wurden. Ein nützliches Arsenal in Zeiten des Kalten Krieges. Zeiten, das ist das Merkmal der folgenden Jahrzehnte, in denen die an sich unabhängigen Medien sich immer wieder einbinden ließen in die Strategien nationaler Politik oder selbst, aus eigenem Antrieb, vorgeblich nationale Ziele verfochten.

So war es auch im Fall des Vietnamkrieges in den USA, wo allerdings die Propagandisten im Pentagon und Außenministerium auf ihre Nemesis trafen. Sie behielten die Journalisten nicht unter Kontrolle. Bilder vom Krieg erreichten das Land, die verstörend waren. Berichte wie der von dem Massaker in My Lai wendeten die Stimmung im Land gegen den Krieg.

Die Nixon-Administration sah sich zum Rückzug gezwungen. Seitdem gilt der Vietnamkrieg als Lehrstück für Krieg führende Mächte. Dennoch klingen die Stereotypen des Krieges in den USA noch lange nach. In einem viel gepriesenen Film über den Vietnamkrieg, der Jahre nach dem Ende des Krieges entstand, angeblich ein Anti-Kriegsfilm, sieht man die Nordvietnamesen allein in der Rolle gangsterhafter, grausamer Schurken.

Auch in Moskau hat man auf das bewährte Repertoire zurückgegriffen. Der erste Tschetschenien-Krieg, der im Dezember 1994 begann, hatte seinen Vorlauf in der Darstellung der Tschetschenen als einer Horde von Kriminellen. Ich selbst stand erkennbar unter dem Eindruck dieser Darstellung. Als ich in jenen Tagen kurz vor dem russischen Angriff in Grosny war, sprach mich auf der Straße ein älterer Mann an. Ich verstand ihn nicht und griff schützend nach meiner Brieftasche. Er legte begütigend seine Hand auf meinen Arm und sagte dann auf russisch: »Ich wollte doch nur dem Fremden einen guten Abend wünschen.«

Dieser Krieg wurde für den damaligen Präsidenten Jelzin zum Fiasko. Die Armee war schlecht gerüstet. Und ebenso schlimm, die Journalisten, inländische wie ausländische, bewegten sich im Kriegsgebiet frei wie die Fische im Wasser. Und frei war auch ihrer Berichterstattung. Sie geriet nicht zum Vorteil der Führung in Moskau. Nie wurde der Krieg im Volk populär. Jelzin musste einem Frieden zustimmen. Eine Friede auf Zeit.

Ganz anders im zweiten Krieg, der im September 1999 begann. Ministerpräsident Putin und seine Dienste hatten ihre Lektion gelernt. Auslöser waren Attentate auf zwei Wohnblocks in Moskau, für die sogleich Tschetschenen verantwortlich gemacht wurden. Die Attentate traumatisierten das Land. Nur wenige Medien verschlossen sich dem Rausch der Rachegefühle.

Dabei war die Urheberschaft für die Attentate keineswegs zweifelsfrei erwiesen. Bei uns im Studio tauchte ein Offizier des Innenministeriums auf, der »streng geheimes« Videomaterial anbot, auf dem zu sehen war, wie der Geheimdienst FSB in einer Moskauer Garage auf ein großes Lager mit Sprengstoff stößt, das angeblich Tschetschenen angelegt haben. Da sollte eine Spur gelegt werden. Ein Korrespondent sollte instrumentalisiert werden, in dem man an seinen Sinn für sensationelle Nachrichten appellierte.

Später zeigte sich die Regierung weniger fürsorglich. Ausländischen Korrespondenten wurde der Aufenthalt im Kriegsgebiet untersagt. Ihre russischen Kollegen unterlagen einer strikten Kontrolle, der sich die damals noch unabhängigen Medien – zum großen Teil jedenfalls – freiwillig unterwarfen.

Wir, die Ausländer, gelangten eine Weile noch auf Schleichwegen ins Land. Dann waren die Grenzen so hermetisch abgeriegelt, dass aus dem Kriegsgebiet nur noch offiziell gebilligte Berichte kamen.

Die Bilder von der sechswöchigen Beschießung und Bombardierung der Stadt Grosny, die Massaker und andere Verbrechen der Armee in den Dörfern sollten nicht an die Öffentlichkeit gelangen. Weder an die Weltöffentlichkeit, möglicher internationaler Proteste wegen, noch an die Öffentlichkeit des eigenen Landes, die daraufhin vielleicht der Regierung das Vertrauen entzogen hätte.

Ein russischer Fernsehsender und Zeitungen, die sich der Gleichschaltung widersetzten, wurden später bestraft. Ihr Besitzer Gussinsky wurde aus dem Land getrieben. Sein Medienkonzern geriet in den Besitz des staatlichen Konzerns Gasprom. Das war denn nicht mehr ein »Krieg der Medien«, sondern ein Krieg gegen Medien.

Auf die Weltöffentlichkeit, das sei am Rande vermerkt, wäre ohnehin wenig Verlass gewesen. So ganz unbemerkt blieben die Ereignisse im Nordkaukasus nicht. Zumal wenigstens in den ersten Monaten des Krieges Berichte und Bilder nach draußen drangen.

Voller Hoffnung richtete sich damals die Augen der Menschen in den Dörfern auf den westlichen Journalisten, hoffnungsvoll, weil sie sich von seinen Berichten lauten Protest der Staatsmänner aus dem Westen versprachen. Tiefe Enttäuschung lag in den erschöpften, von Schmerz und Qualen geprägten Gesichtern, wenn der Ausländer Wochen später wieder in das Dorf kam und von internationalem Protest nicht erzählen konnte.

Die Lüge von den Massenvernichtungswaffen im Irak, von der Kumpanei Saddam Husseins mit al Quaida, von amerikanischen Fernsehsendern und Zeitungen - nicht nur von ihnen - distanzlos übernommen, stellt in jüngerer Zeit den Gipfelpunkt der Instrumentalisierung der Medien dar. Einige Zeitungen wie die *New York Times* haben sich später dafür entschuldigt, dass sie sich in die Kampagne der Regierung haben einspannen lassen.

Dergleichen Kritik und Selbstkritik war in russischen Medien nach dem Krieg in Georgien nicht zu finden. Dass die Regierung bei ihrer vorgeblichen Verteidigung der Südosseten weit über das Ziel hinaus schoss und Abchasien und Südossetien praktisch annektierte, führte zu patriotischer Jubelstimmung.

Viele westliche Medien hingegen, kurzsichtig oder im Nebel der Klischees verwirrt, übersahen zunächst, dass der georgische Präsident Saakaschwili den Krieg begonnen hatte. Die lange Vorgeschichte des Konflikts wollte ohnehin keiner wissen.

Es bleibt bei der Devise: Man weiß nur, was man sieht.

So wie die Verhältnisse auf unserer Erde beschaffen sind, sprechen wir hier nicht über ein Kapitel der Vergangenheit. Viele Kriege der jüngeren Zeit blieben ausgespart in meinen Anmerkungen. Die Muster ähneln sich. Und die Szenarios kommender Kriege werden vielleicht schon vorbereitet.

»Wann wird zum Mord, was man sonst Heldentum nennt?« Ein Teil der Antwort liegt bei den Medien. Wenn sie den Mord nicht Mord nennen.

Jürgen Rose

Angriffskriege der Bundesrepublik gegen die Verfassung? Vorbereitung von Angriffskriegen? Die deutsche Militärpolitik und das Grundgesetz

Ob Friedrich W. Hegels berühmt-berüchtigte »List der Geschichte« hinter der Entscheidung wirkte, erstmals nachdem der preußische Militarismus in der Katastrophe des Zweiten Weltkriegs am eigenen Größenwahn zugrunde gegangen war, wieder deutsche Soldaten mit explizitem Kampfauftrag in fremde Länder zu entsenden, mag getrost dahinstehen. Unverrückbar feststeht indes, daß gerade diejenigen, die stets am emphatischsten beansprucht hatten, das neue, friedfertige Deutschland zu repräsentieren – nämlich Sozialdemokraten und Bündnisgrüne – sich fortan als Protagonisten eines in der soeben (wieder-)vereinigten Berliner Republik aufscheinenden Neo-Wilhelminismus' gerierten – man war halt wieder wer.

Den Präzedenz- und Sündenfall bildete der im März 1999 von der NATO gegen die Bundesrepublik Jugoslawien – immerhin ein souveränes Mitglied der Vereinten Nationen – geführte Luftkrieg, der zwar als »humanitäre Intervention« deklariert worden, nichtsdestoweniger schlichtweg völkerrechtswidrig war.

Im zweiten Fall wurde nach den »Mammutverbrechen« (Helmut Schmidt) von New York und Washington im September 2001 der einzig verbliebenen Weltmacht USA vom damals amtierenden Bundeskanzler Gerhard Schröder »uneingeschränkte Solidarität« zugesichert und danach die Bundeswehr mit einer äußerst knappen Mehrheit des Deutschen Bundestages in den Kampfeinsatz nach Afghanistan entsandt. Die Art und Weise, wie dieser Beschluß dem Parlament vom Bundeskanzler abgepreßt worden war, bedeutete tendenziell ein Unterlaufen des vom Bundesverfassungsgericht mit Bedacht in seinem Urteil vom 12. Juli 1994[1] formulierten Parlamentsvorbehaltes für den Einsatz der Bundeswehr jenseits der Landesgrenzen. Zugleich ist spätestens seit diesem Zeitpunkt bei der politischen Kontrolle des deutschen Militärs eine klare, fortdauernde Machtverschiebung weg von der Legislative, hin zur Exekutive zu konstatieren, die besorgt machen muss.[2]

Den dritten Fall bildete – entgegen der von Kanzler Schröder mit Aplomb in die Welt gesetzten Legende von der deutschen Nichtbeteiligung – die massive und umfassende Unterstützung des angloamerikanischen Völkerrechtsverbrechens gegen den Irak und seine Menschen in den Jahren 2002 und 2003, die sich, um nur ein einziges Beispiel zu nennen, unter anderem darin manifestierte, dass die Bundeswehr mit vielen Tausend ihrer Soldaten die Kasernen der Aggressoren hierzulande bewachten, wobei sie »legitime Ziele im Sinne des Völkerrechts« bildeten, wie der Verfasser eines in der hauseigenen Rechtsabteilung des Bundesministeriums der Verteidigung erstellten Rechtsgutachtens zutreffend zum Ausdruck brachte.

In Vergessenheit geraten ist in der Berliner Republik offensichtlich die einstmals so emphatisch betonte »Kultur der Zurückhaltung«, mit der die desaströse deutsche Politik der kriegerischen Mittel nach 1945 beantwortet wurde. Zeitweilig waren mehr als 10.000 deutsche SoldatInnen rund um den Globus verteilt, ohne dass bislang hinter dem demonstrierten militärpolitischen Aktionismus eine klare Strategie erkennbar geworden wäre. Die mit Aplomb verkündete »Enttabuisierung des Militärischen« durch Rot-grün korrespondiert mit einem in den letzten Jahren unter politischen Entscheidungsträgern in Mode gekommenen Bellizismus'. Seit dem Ende des Kalten Krieges werden – mit tatkräftiger Unterstützung durch das Bundesverfassungsgericht! – die in der Charta der Vereinten Nationen kodifizierten Einschränkungen des Rechts zur militärischen Gewaltanwendung immer weiter ausgehöhlt. Gerade die in der NATO verbündeten westlichen Demokratien missbrauchen ihre Streitkräfte immer häufiger für Einsätze, die durch völkerrechtliche Mandate entweder nicht hinreichend oder gar nicht abgedeckt sind. In besorgniserregender Weise entwickelt sich ein global ausufernder militärischer Interventionismus, der in Deutschland mit der Rhetorik von der »Normalisierung der deutschen Außenpolitik« legitimatorisch unterfüttert wird. Nahezu unisono konstatiert die politische Klasse dieser Republik – konterkariert allenfalls von der oppositionellen LINKEN –, dass Deutsch-

1 Vgl. Bundesverfassungsgericht: Urteil des Zweiten Senats vom 12. Juli 1994 aufgrund der mündlichen Verhandlung vom 19. und 20. April 1994 – 2 BvE 3/92, 5/93, 7/93, 8/93 – BVerfGE 90, 286 – Bundeswehreinsatz.

2 Vgl. Andreas Fischer-Lescano. »Hat der Kanzler das Prinzip der Gewaltenteilung überstrapaziert?« *Frankfurter Rundschau,* 22. November 2001, 7.

land »keinen Sonderstatus« mehr beanspruchen könne. Von der Nation werde fortan erwartet, vermehrt »internationale Verantwortung« zu übernehmen. Darüber hinaus wird proklamiert, dass eine solche »Friedensmacht, die seit langem für Ausgleich und internationale Hilfe« sorge, historisch nunmehr als unbelastet zu gelten habe.

Derlei Worthülsen, mit denen die unrühmlichen Etappen vor allem der jüngeren deutschen Vergangenheit entsorgt werden sollen, gehören zum Dummdeutsch der politischen Klasse in diesem Lande. In ihnen reflektiert sich eine Art pubertärer Unbefangenheit der Berliner Republik. Indes handelt es sich schlechterdings um Geschichtsklitterung. Im Gegenteil, die Bundesrepublik Deutschland kann überhaupt nur im Bewußtsein der deutschen Geschichte ihrer internationalen Verantwortung gerecht werden. Eine Erkenntnis, die wiederum zwingend eine Kultur der Zurückhaltung beim militärischen Agieren in der internationalen Politik impliziert. Unter Federführung der USA hat sich in Politik und Armee in geradezu atemberaubender Weise ein fundamentaler Paradigmenwechsel der deutschen Außen- und Sicherheitspolitik vollzogen. Galt zu Zeiten des Kalten Krieges die Parole »Frieden schaffen mit weniger Waffen«, so handeln die schwarz, rot, grün und manchmal gelb gewandeten Hohepriester des globalen Interventionismus getreu der Maxime: Frieden schaffen mit aller Gewalt. Propagandistisch camoufliert wird diese Politik mit Begrifflichkeiten wie »Politischer Pazifismus«, »Krieg gegen den Terrorismus«, »Humanitäre Intervention« oder – wie im jüngsten *Weißbuch der Bundesregierung zur Sicherheitspolitik und Zukunft der Bundeswehr* – »Responsibility to Protect«. De facto handelt es sich indes vornehmlich um Globalisierungskriege im Interesse des Clubs der Reichen. Auf sehr viel euphemistischere und nachgerade skandalöse Weise beschrieb im August 2007 der Leiter der Politikredaktion am Hamburger Speersort, Bernd Ulrich, einer der typischen journalistischen Schreibtischtäter in den Redaktionsstuben dieser Republik, die Lage, als er in seinem Frontblatt eines überkommenen Transatlantizismus‘ quasi »unter Stahlgewittern« leitartikelte: Verteidigungspolitik befindet sich in

> einer Phase von Versuch und Irrtum. [...] Es sind Experimente, auch mit Menschenleben. Tragischerweise ist daran nichts zu ändern. [...] Versuch und Irrtum, Leben und Tod – natürlich schmerzt es uns miterleben und mitverantworten zu müssen, daß Menschen sterben, damit der Westen lernt, internationale Sicherheit neu zu definieren. [...] Sogar der Nichteinsatz von Militär kann als Anreiz für Terror verstanden werden.[3]

3 Bernd Ulrich. »Mit letztem Einsatz«. *Die Zeit*, 23. August 2007, 1.

Ein kleines, aber entscheidendes Detail seiner Analyse lässt Sudeljournalist Ulrich beiläufig unter den Tisch fallen, nämlich wo wer in welchem Ausmaße dieser von buchstäblich grenzenloser Hybris gezeichneten Politik des »Trial and Error« zum Opfer fällt. Diese Information liefert uns der als »linksradikaler Barrikadenkämpfer« bekannt gewordene Jürgen Todenhöfer in seinem jüngst veröffentlichten Buch *Warum tötest Du, Zaid?*. Dort notiert er:

> Nicht ein einziges Mal in den letzten zweihundert Jahren hat ein muslimisches Land den Westen angegriffen. Die europäischen Großmächte und die USA waren immer Aggressoren, nie Angegriffene. Seit Beginn der Kolonialisierung wurden Millionen arabische Zivilisten getötet. Der Westen führt in der traurigen Bilanz des Tötens mit weit über 10 : 1. Die aktuelle Diskussion über die angebliche Gewalttätigkeit der muslimischen Welt stellt die historischen Fakten völlig auf den Kopf. Der Westen war und ist viel gewalttätiger als die muslimische Welt. Nicht die Gewalttätigkeit der Muslime, sondern die Gewalttätigkeit einiger westlicher Länder ist das Problem unserer Zeit.[4]

Verlassen wir an dieser Stelle die Ebene der Deskription eines zutiefst deprimierenden globalen Kriegszustandes und wenden uns unter der bewährten Maxime Immanuel Kants, die da lautet: »Das Recht muß nie der Politik, wohl aber die Politik jederzeit dem Rechte angepaßt werden«[5], der Analyse der völker- und verfassungsrechtlichen Rahmenbedingungen zu, unter denen die deutschen Streitkräfte eigentlich ihre Funktion erfüllen sollten.

Ein Blick ins deutsche Grundgesetz zeigt, dass die Verfassungsgeber im einschlägigen Artikel 87a lediglich recht lakonisch und vage formulierten: »Der Bund stellt Streitkräfte zur Verteidigung auf. Ihre zahlenmäßige Stärke und die Grundzüge ihrer Organisation müssen sich aus dem Haushaltsplan ergeben.« Und ergänzend fügten sie hinzu: »Außer zur Verteidigung dürfen die Streitkräfte nur eingesetzt werden, soweit dieses Grundgesetz es ausdrücklich zuläßt.«

Zuvörderst impliziert jene Verfassungsvorschrift eine Kompetenzzuweisung für die Aufstellung von Streitkräften an den Bund. Dies stellt eine Konsequenz aus der deutschen Militärgeschichte dar, denn bis in die Zeit des Ersten Weltkrieges existierten im Deutschen Reich Armeen der Länder. Darüber hinaus gründet in dem hier verankerten Budgetrecht des Bundestages der Status der Bundes-

4 Jürgen Todenhöfer. *Warum tötest Du, Zaid?* München 2008, 163ff.
5 Immanuel Kant. *Streit der Fakultäten*, 1798.

wehr als einer Parlamentsarmee. Und schließlich konstituiert Art. 87a GG die verfassungsrechtliche Grundsatzentscheidung zugunsten einer militärischen Organisation der Verteidigung Deutschlands: Der Bund ist zur Aufstellung von Streitkräften zum Zwecke der Verteidigung berechtigt – ohne dass sich indessen aus den einschlägigen Bestimmungen des Grundgesetzes eine zwingende Verpflichtung zur Aufstellung von Streitkräften herleiten ließe.

Geradezu ins Auge springen muss bei der Betrachtung des Artikels 87a, dass es dort lediglich heißt: »Der Bund stellt Streitkräfte zur Verteidigung auf.« Nicht aber: »Der Bund stellt Streitkräfte zur Landesverteidigung auf«. Was nun aber konkret unter jener Zweckbestimmung – der »Verteidigung« – zu verstehen ist, lässt die Verfassung an dieser Stelle offen.

Trotz seiner definitorischen Lässigkeit hinsichtlich letzterem stellt der Verfassungsgeber zumindest anderenorts, und zwar im Artikel 26 des Grundgesetzes, klar, was er unter gar keinen Umständen unter »Verteidigung« verstanden wissen will. Dort nämlich steht unmissverständlich geschrieben: »Handlungen, die geeignet sind und in der Absicht vorgenommen werden, das friedliche Zusammenleben der Völker zu stören, insbesondere die Führung eines Angriffskrieges vorzubereiten, sind verfassungswidrig. Sie sind unter Strafe zu stellen.« Der Angriffskrieg jedenfalls ist der Bundeswehr demnach qua Grundgesetz kategorisch untersagt.

Aber auch das Völkerrecht ächtet den Angriffskrieg. Und jenem wiederum räumt Artikel 25 des Grundgesetzes hierzulande unumschränkte und prioritäre Geltung ein: »Die allgemeinen Regeln des Völkerrechtes sind Bestandteil des Bundesrechtes. Sie gehen den Gesetzen vor und erzeugen Rechte und Pflichten unmittelbar für die Bewohner des Bundesgebietes.« Diese Verfassungsnorm bindet selbstredend auch alle Angehörigen der Bundeswehr, vom einfachen Soldaten bis zum höchsten General, strikt an das Völkerrecht – und damit zugleich an das Angriffskriegsverbot.

Dass Friedenswahrung und -sicherung in Europa und der Welt den fundamentalen Daseinszweck der deutschen Streitkräfte zu bilden haben, folgt wiederum aus Artikel 24 des Grundgesetzes, der festlegt, dass der

> Bund [...] sich zur Wahrung des Friedens einem System gegenseitiger kollektiver Sicherheit einordnen [kann]; er wird hierbei in die Beschränkungen seiner Hoheitsrechte einwilligen, die eine friedliche und dauerhafte Ordnung in Europa und zwischen den Völkern der Welt herbeiführen und sichern.

Als Fazit dieses kursorischen Blicks ins Grundgesetz lässt sich festhalten, dass der Verteidigungsauftrag der Bundeswehr dort nicht abschließend definiert wird, sondern innerhalb der verfassungsrechtlichen Grenzen interpretationsoffen ist. Er bleibt einerseits den Restriktionen des Völkerrechts unterworfen, andererseits entsprechend der sicherheitspolitischen Lage zu konkretisieren. Seitens der höchstrichterlichen Jurisdiktion sind diese qua Verfassung gegebenen Interpretationsspielräume in der jüngeren Vergangenheit auf sehr unterschiedliche Weise ausgefüllt worden.

So sprach am 12. Juli 1994 das Bundesverfassungsgericht in Karlsruhe ein Grundsatzurteil betreffend den »Einsatz bewaffneter Streitkräfte im Rahmen eines Systems gegenseitiger kollektiver Sicherheit«. Vorangegangen war ein jahrelanger innenpolitischer Streit über die ersten Auslandseinsätze der Bundeswehr, die bereits unmittelbar nach Ende des Kalten Krieges im Jahre 1990 begonnen hatten. An jenem denkwürdigen Tag konstatierten die Richter in den roten Roben:

> Art. 87a GG steht der Anwendung des Art. 24 Abs. 2 GG als verfassungsrechtliche Grundlage für den Einsatz bewaffneter Streitkräfte im Rahmen eines Systems gegenseitiger kollektiver Sicherheit nicht entgegen. Nach Art. 87a Abs. 1 Satz 1 GG stellt der Bund »Streitkräfte zur Verteidigung« auf; nach Art. 87a Abs. 2 GG dürfen diese Streitkräfte »außer zur Verteidigung« nur eingesetzt werden, soweit das Grundgesetz es ausdrücklich zuläßt. Die mannigfachen Meinungsverschiedenheiten darüber, wie in diesem Zusammenhang die Begriffe der »Verteidigung« und des »Einsatzes« auszulegen sind, und ob Art. 87a Abs. 2 GG als eine Vorschrift zu verstehen ist, die nur den Einsatz der Streitkräfte »nach innen« regeln will, bedürfen in den vorliegenden Verfahren keiner Entscheidung. Denn wie immer dies zu beantworten sein mag, jedenfalls wird durch Art. 87a GG der Einsatz bewaffneter deutscher Streitkräfte im Rahmen eines Systems gegenseitiger kollektiver Sicherheit, dem die Bundesrepublik Deutschland gemäß Art. 24 Abs. 2 GG beigetreten ist, nicht ausgeschlossen.[6]

So stichhaltig das Argument, dass es von Verfassungs wegen erlaubt sei, deutsches Militär im Auftrag von zur Wahrung des Weltfriedens autorisierten Institutionen bei zugleich strikter Beachtung der Normen des Völkerrechts einzusetzen, so problematisch der Umstand, dass zwar prinzipiell die Verfassungskonformität der sogenannten out-of-area-Einsätze der Bundeswehr bestätigt wurde, die verfassungsrechtlich gebotene Klärung des Verteidigungsbegriffs indes nach wie vor ausblieb.

6 Bundesverfassungsgericht: a. a. O.

Die durch das Bundesverfassungsgericht in Karlsruhe mehrfach konstatierte und doch stets offengelassene Interpretationslücke betreffend den im Artikel 87a des Grundgesetzes normierten Verteidigungsauftrag der deutschen Streitkräfte Verteidigung füllte schlussendlich im Jahr 2005 das Leipziger Bundesverwaltungsgericht.[7] Obwohl dieser Urteilsspruch für die Sicherheits- und Verteidigungspolitik Deutschlands eminente Bedeutung besitzt, fand unter dessen Analysten bislang kaum Beachtung, dass die Bundesverwaltungsrichter darin ein für allemal eindeutig, umfassend und zugleich erschöpfend klarstellen, wie der Verteidigungsbegriff im Grundgesetz denn zu verstehen sei.

Den Ausgangspunkt seiner Argumentation bildet auch für das Bundesverwaltungsgericht die verfassungsrechtliche Grundsatzentscheidung zum Aufbau eines militärischen Dispositivs, indem es bekräftigt:

> Die primäre Aufgabe der Bundeswehr ergibt sich [...] aus Art. 87a Abs. 1 GG, wonach der Bund Streitkräfte »zur Verteidigung' aufstellt.

Der entscheidende Passus hinsichtlich der Reichweite des Verteidigungsbegriffs im Grundgesetz lautet:

> Da der Normtext des Art. 87a Abs. 1 und 2 GG von »Verteidigung«, jedoch – anders als die zunächst vorgeschlagene Fassung – nicht von »Landesverteidigung« spricht und da zudem der verfassungsändernde Gesetzgeber bei Verabschiedung der Regelung im Jahre 1968 auch einen Einsatz im Rahmen eines NATO-Bündnisfalles als verfassungsrechtlich zulässig ansah, ist davon auszugehen, daß »Verteidigung« alles das umfassen soll, was nach dem geltenden Völkerrecht zum Selbstverteidigungsrecht nach Art. 51 der Charta der Vereinten Nationen (UN-Charta), der die Bundesrepublik Deutschland wirksam beigetreten ist, zu rechnen ist.

Dieser Artikel 51 der Satzung der Vereinten Nationen besagt:

> Diese Charta beeinträchtigt im Falle eines bewaffneten Angriffs gegen ein Mitglied der Vereinten Nationen keineswegs das naturgegebene Recht zur individuellen oder kollektiven Selbstverteidigung, bis der Sicherheitsrat die zur Wahrung des Weltfriedens und der internationalen Sicherheit erforderlichen Maßnahmen getroffen hat. Maßnahmen, die ein Mitglied in Ausübung dieses Selbstverteidigungs-

7 Bundesverwaltungsgericht. Urteil des 2. Wehrdienstsenats vom 21. Juni 2005 – BVerwG 2 WD 12.04.

> rechts trifft, sind dem Sicherheitsrat sofort anzuzeigen; sie berühren in keiner Weise dessen auf dieser Charta beruhende Befugnis und Pflicht, jederzeit die Maßnahmen zu treffen, die er zur Wahrung oder Wiederherstellung des Weltfriedens und der internationalen Sicherheit für erforderlich hält.

Mit seinem höchstrichterlichen Urteilsspruch widerlegt das Bundesverwaltungsgericht unanfechtbar die in der sicherheitspolitischen Diskussion häufig vorgetragene Auffassung, das Grundgesetz begrenze den Einsatz der Bundeswehr auf die Verteidigung des Territoriums der Bundesrepublik Deutschland sowie des NATO-Vertragsgebiets. Statt dessen definieren die Bundesverwaltungsrichter einen weiten Verteidigungsbegriff, der alles umfasst, was die UN-Charta erlaubt, zugleich beschränken sie jenen aber eben auch strikt auf deren Bestimmungen. Denn, so die Richter,

> Art. 51 UN-Charta gewährleistet und begrenzt in diesem Artikel für jeden Staat das – auch völkergewohnheitsrechtlich allgemein anerkannte – Recht zur »individuellen« und zur »kollektiven Selbstverteidigung« gegen einen »bewaffneten Angriff«, wobei das Recht zur »kollektiven Selbstverteidigung« den Einsatz von militärischer Gewalt – über den Verteidigungsbegriff des Art. 115a GG hinausgehend – auch im Wege einer erbetenen Nothilfe zugunsten eines von einem Dritten angegriffenen Staates zuläßt (z. B. »Bündnisfall«). Der Einsatz der Bundeswehr »zur Verteidigung« ist mithin stets nur als Abwehr gegen einen »militärischen Angriff« (»armed attack« nach Art. 51 UN-Charta) erlaubt, jedoch nicht zur Verfolgung, Durchsetzung und Sicherung ökonomischer oder politischer Interessen.

Die rechtlichen Hürden für den Einsatz bewaffneter Streitkräfte legt das Gericht demnach sehr hoch, indem es nämlich die Zulässigkeit militärischer Gewaltanwendung strikt auf die in der UN-Charta vorgesehenen Fälle (Kap. VII und Art. 51) begrenzt:

> Ein Staat, der sich – aus welchen Gründen auch immer – ohne einen solchen Rechtfertigungsgrund über das völkerrechtliche Gewaltverbot der UN-Charta hinwegsetzt und zur militärischen Gewalt greift, handelt völkerrechtswidrig. Er begeht eine militärische Aggression.

Und, so das Gericht weiter im Hinblick auf die deutschen Unterstützungsleistungen für den im Jahre 2003 geführten angloamerikanischen Aggressionskrieg am Persischen Golf: »Eine Beihilfe zu einem völkerrechtlichen Delikt ist selbst ein völkerrechtliches Delikt.«

Eines der gravierendsten völkerrechtlichen Delikte stellt der Verstoß gegen das in Artikel 2 der Satzung der Vereinten Nationen verankerte Gewaltverbot in den internationalen Beziehungen dar. Dort steht geschrieben: »Alle Mitglieder legen ihre internationalen Streitigkeiten durch friedliche Mittel so bei, daß der Weltfriede, die internationale Sicherheit und die Gerechtigkeit nicht gefährdet werden.« Und weiter:

> Alle Mitglieder unterlassen in ihren internationalen Beziehungen jede gegen die territoriale Unversehrtheit oder die politische Unabhängigkeit eines Staates gerichtete oder sonst mit den Zielen der Vereinten Nationen unvereinbare Androhung oder Anwendung von Gewalt.

Die Umsetzung dieser völkerrechtlich zwingend verbindlichen Norm erfolgt im deutschen Grundgesetz in Gestalt des bereits erörterten Artikels 26. Freilich dauerte es viele Jahre bis das im Grundgesetz kodifizierte Aggressionsverbot als korrespondierende Ausführungsnorm im Strafgesetzbuch (StGB) seinen Niederschlag fand. Die Voraussetzung hierfür schuf der deutsche Bundestag erst 1967 mit Einsetzung eines »Sonderausschusses für die Strafrechtsreform«. Die mehrere Tausend Seiten umfassenden Protokolle der Beratungen des Sonderausschusses zeugen von den Schwierigkeiten, welche die Ausformulierung der in das neue Strafgesetzbuch aufzunehmenden Friedensverratsbestimmungen bereiteten. Als Hauptproblem schlechthin erwies sich die unzureichende Präzisierung des Tatbestandes im Völkerrecht. Denn damals wie heute existierte keine in der Staatenwelt allgemein anerkannte Definition des Angriffskrieges. In seinem Abschlußbericht vom 9. Mai 1968 erläuterte der »Sonderausschuß für die Strafrechtsreform« die Friedensverratsbestimmungen der Paragraphen 80 und 80a, auf die er sich nach vielen Sitzungen geeinigt hatte (Bundestagsdrucksache V/2860). Angesichts der in der Ära Schröder vollzogenen »Enttabuisierung des Militärischen« ist gerade die unmissverständliche Klarstellung des Ausschusses kaum zu überschätzen, dass

> § 80 [...] nicht nur, wie der Wortlaut etwa annehmen lassen könnte, den Fall der Vorbereitung eines Angriffskrieges, sondern erst recht den der Auslösung eines solchen Krieges [umfaßt]. Gerade mit Rücksicht auf diesen Fall enthält die Strafandrohung auch lebenslanges Zuchthaus.

Angesichts dessen verblüfft es jeden logisch Denkenden, wie der Generalbundesanwalt in stupider Regelmäßigkeit die Einleitung von Ermittlungsverfahren gegen Mitglieder der Bundesregierung wegen des Verdachts auf Vorbereitung eines Angriffskrieges ablehnt. So teilte die für die Generalbundesanwaltschaft beim Bundesgerichtshof tätige Oberstaatsanwältin Schübel mit Schreiben vom 3. August 2006 dem Arbeitskreis »Darmstädter Signal«, einem Zusammenschluss friedenspolitisch aktiver Soldatinnen und Soldaten, wörtlich mit:

> Nach dem eindeutigen Wortlaut des § 80 Abs. 1 StGB ist nur die Vorbereitung eines Angriffskrieges und nicht der Angriffskrieg selbst strafbar, so daß auch die Beteiligung an einem von anderen vorbereiteten Angriffskrieg nicht darunter fällt. Ein Analogieschluß dahingehend, daß dann, wenn schon die Vorbereitung eines Angriffskrieges strafbar ist, dies erst recht für dessen Durchführung gelten müsse, ist im Strafrecht unzulässig. Art. 103 Abs. 2 GG verbietet die Anwendung einer Strafvorschrift über ihren eindeutigen Wortlaut hinaus.

Wie diese Juristin zu ihrer, der unzweideutigen Rechtsauffassung des Sonderausschusses für die Strafrechtsreform widersprechenden Interpretation gelangte, bleibt ihr Geheimnis.

Angesichts solcher Spitzenleistungen juristischer Rabulistik aus dem Hause der Generalbundesanwaltschaft merkt Jörg Arnold, Professor am Freiburger Max-Planck-Institut für ausländisches und internationales Strafrecht, sarkastisch an: »§ 80 StGB ist eine Vorschrift der Straflosigkeit der Führung eines Angriffskrieges und der Beihilfe zum Angriffskrieg.« Unübersehbar klafft heutzutage eine Lücke groß wie ein Scheunentor in jenem Normenbollwerk, das die verfassungsgebende Versammlung einst gegen das Wiedererstehen des verbrecherischen Militarismus früherer Zeiten errichtet hatte. Dass auch die Bundesregierung diese Lücke klar erkannt hat, ergibt sich aus der Antwort des Parlamentarischen Staatssekretärs im Bundesministerium der Justiz, Alfred Hartenbach, vom 22. März 2006 auf eine entsprechende Anfrage des Abgeordneten Rolf Mützenich (SPD). Im Hinblick auf das völkerrechtlich normierte Gewaltverbot vertritt die Bundesregierung nämlich die Auffassung, dass

> [d]ie UN-Charta ein [...] Gewaltverbot, aber keine Verpflichtung der UN-Mitgliedstaaten [enthält], Verstöße dagegen im innerstaatlichen Recht unter Strafe zu stellen. Der Tatbestand des Verbrechens der Aggression wurde bisher völkerrechtlich nicht definiert. Die Mitgliedstaaten haben daher keine Verpflichtung der Umsetzung in innerstaatliches Recht.

Auf die insistierende Nachfrage, ob denn die Bundesregierung angesichts dieser Sachlage die Notwendigkeit sehe, den § 80 StGB zu präzisieren, fällt die Antwort des Staatssekretärs Hartenbach, gelinde formuliert, lakonisch aus: »Nein«. Woraus zu folgern ist, dass die Bundesregierung an ihrer seit dem Sündenfall des sogenannten Kosovo-Krieges im Jahre 1999 geübten Praxis des Völkerrechts- und Verfassungsbruchs in Gestalt der Beteiligung an multinational geführten Angriffskriegen sowie deren Unterstützung unbeirrt festzuhalten gedenkt. Freilich ist ein System organisierter Regierungskriminalität mit dem Anspruch eines sich selbst zivilisiert nennenden demokratischen Staatwesens unvereinbar, weshalb eine umfassende Novellierung des § 80 StGB als unabdingbar gelten muß.

Darüber hinaus erscheint es angesichts der in der Vergangenheit zutage getretenen, strukturellen demokratischen Defizite im parlamentarischen Legitimationsverfahren mehr als angebracht, eine breite öffentliche Diskussion darüber zu führen, inwieweit sich unter dem Aspekt demokratischer Partizipation die Mitsprache- und Mitentscheidungsmöglichkeiten aller StaatsbürgerInnen im Hinblick auf die für das Staatswesen insgesamt existentiell bedeutsame Frage von weltweiten Einsätzen deutschen Militärs erweitern lassen. Denn eine Bundesregierung, die mit Unterstützung von rund zwei Dritteln der Bundestagsabgeordneten gegen den erklärten Willen von mehr als drei Vierteln der Bürgerinnen und Bürgern dieses Landes den Kriegseinsatz der Bundeswehr in Afghanistan exekutiert, untergräbt nicht nur das Vertrauen der SoldatInnen in die politische Führung, sondern das sämtlicher StaatsbürgerInnen. Eine derartige Politik vermag daher keinesfalls eine akzeptable Legitimationsgrundlage für Kriegseinsätze der Bundeswehr im Ausland darzustellen. Perspektivisch ist daher als Ergebnis jener Debatte der Konsens darüber herzustellen, dass in Zukunft jeglichen bewaffneten Auslandseinsätzen der Bundeswehr zwingend die konstitutive Zustimmung des deutschen Volkes als des wahren Souveräns vorausgehen muss. Der »Dienst am Frieden« nämlich soll einigend wirken und nicht Anlass zu neuen Kontroversen geben.

Michael Daxner

Humanitäre Intervention und Heimatdiskurs
Warum unsere Freiheit am Hindukusch nicht verteidigt wird, wohl aber die der Afghanen auf dem Spiel steht

Remarque und der militante Pazifismus geben den Grundton dieser Veranstaltung an. Ich bedanke mich für die Einladung. Ich lege Ihnen auch meinen Text in der kaum erweiterten Endfassung vor, die redaktionellen Erweiterungen sind unvermeidliche Klarstellungen im Gefolge des Vortrags und der Diskussionen des ersten Abends. Dieser Vortrag ist, dem Wunsch der Veranstalter gemäß, keine wissenschaftliche Vorlesung, aber er kommt ohne den wissenschaftlichen und politisch-praktischen Hintergrund seines Verfassers nicht aus. Darum ist er letztlich eine Variante wissenschaftlicher Reflexion, die sich nicht an die Fachkollegen richtet, sondern an eine wertbasierte öffentliche Diskussionsgemeinschaft. Er richtet sich auch nach innen, an die Remarque-Gesellschaft und ihr Tagungspublikum aus der Abwehr eines auf Selbstvergewisserung gerichteten Monologs, der heute in den politischen Parteien und der so genannten Friedensbewegung an die Stelle von Politik getreten ist.

I.

Humanitäre Intervention ist eine begriffliche Konstruktion,[1] kein normativer Terminus. Sie trägt ihren Zweck im Attribut: »Humanitär« soll heißen, dass

1 Vgl. dazu eine unabsehbar vielfältige Literatur, die nach dem Kosovo-Einsatz sich noch vermehrte. Die Stichworte sind immer: Gewaltverbot, Interventionsverbot, Souveränität versus Notstand als Anspruch auf Menschenrechte. Hinweise findet man unter diesen

eine Intervention – militärisch oder durch politische Gewalt – erfolgt, die einen humanitären Zweck erfüllt, also nicht Eroberung, Ausbeutung oder Unterwerfung zum Ziel hat. Im Alltagsgebrauch wird sie damit gerechtfertigt, dass sie eine humanitäre *Katastrophe* abwendet oder – beendet. Das kann ein Einsatz fremder Militärs nach einer Naturkatastrophe sein. Wir denken an die Fluten von Myanmar und die Frage, ob man gegen den Willen der Militärjunta einmarschieren darf, um viele Menschenleben zu retten. Das kann ein Einmarsch zur Beendigung eines Schreckensregimes sein, mit Regierungs- und Systemwechsel als deklariertem Ziel oder nur als Beendigung eines unhaltbaren Zustands; das kann auch ein Eingriff in die Herrschaft eines Regimes sein, das erkennbar seine Bürgerinnen und Bürger jenseits aller verhandelbaren Maßstäbe misshandelt. Entscheidend ist, dass eine Legitimation außerhalb des betroffenen Herrschaftsapparates gefällt wird. Nichteinmischung gilt nicht, die Kriterien von Human Security, Responsibility to Protect und vergleichbare Standards zur Friedenserzwingung bzw. –herstellung in sonst nichtkontrollierbaren Konflikten hingegen sollten gelten. Damit ist auch klar, dass nationale und territoriale Souveränität, die Unverletzlichkeit von Grenzen und andere völkerrechtliche Prärogative relativiert werden oder nicht (mehr) gelten. In der Definition der Katastrophe, in der Macht sie auszurufen oder zu unterdrücken, liegt die gesellschaftliche Verbindung zwischen der Gesellschaft und ihren politischen Repräsentanten.

Das ist, vorwissenschaftlich und vereinfacht, die Ausgangsposition. Darf man Militär schicken, um Menschen vor dem Verhungern zu retten? Darf man Militär schicken, um Menschen vor einer Vertreibung oder ethnischen Säuberung zu bewahren? Darf man intervenieren, um ein Regime zu stürzen, das eine terroristische Macht stützt, beherbergt, versteckt und zugleich die eigene Bevölkerung in *nichtverhandelbarem* Maß drangsaliert?

Um diese Fragen geht es, wenn wir die Einsätze von Militär, auch von deutschen Soldaten, in Afghanistan als Exempel für die Pflicht zur oder die Unzumutbarkeit der Einmischung *out of area* hernehmen. Dabei gilt es einige Rahmenbedingungen zu beachten:

- die Handlungsfähigkeit der überwiegenden Mehrzahl demokratischer Staaten, die in Verteidigungsbündnisse eingebunden sind, ist nicht kurzfristig zu verändern. Der politische Aushandlungsprozess zur Veränderung der Rahmenbe-

Stichworten, sowie zu Art. 51 UN-Charta. Ich gebe hier keine Literaturempfehlung, um die mir in der Debatte unterstellte realpolitische Interpretation abzuwehren.

dingungen hat andere Dimensionen als die Frage, ob man sich an einer Intervention beteiligt; auch kann man sich Allianzpartner nur bedingt aussuchen.

- Soll die Intervention ihren Zweck erreichen, muss sie oft schneller erfolgen, als ihren Strategien und ihrer Umsetzung gut tut. (Würde man eine ständig bereite, völkerrechtlich abgesicherte Eingreiftruppe von beachtlicher Dimension haben, wäre dies anders: Die Diskussion um eine ständige Eingreiftruppe der EU oder der UN hat auf der Tagung gerade begonnen: Es ist die Frage, wie Truppensteller für diese Truppe gewonnen werden, wenn nicht die entsendenden Länder, sondern nur die UN über den Einsatzfall bestimmen, d.h. wenn nationale Vorbehalte nicht unmittelbar wirksam werden).

Es gibt aber ein Problem: Verfolgt man mit der Intervention »nur« den Zweck, einen Konflikt abkürzend zu regulieren, bevor er durch Erschöpfung ausläuft und sich damit erledigt, oder sucht man zugleich einen gesellschaftlichen Neuaufbau und Neubeginn zu initiieren?

Hinter all dem ist die Frage der Legitimation drängend und eine pragmatische Frage tritt hinzu.

Wer kann, darf, muss über eine Intervention entscheiden? Und wer kann die Terms of Operation setzen? (Letzteres doch im Alleingang offensichtlich nur ganz wenige Staaten mit ihrem militärischen Potenzial, allerdings nicht die USA allein, mindestens also China, Russland, Indien, und in einigen Fällen noch eine Reihe weiterer Staaten).

Meist wird von den Parlamenten und der Öffentlichkeit ein Mandat der UN verlangt, oft von den Regierungen eins des Parlaments. Das UN-Mandat kommt aber erfahrungsgemäß nur zustande, wenn die Intervention ohne Veto gebilligt wird und die entsprechenden Truppensteller auch willens sind, ihre Soldaten zu schicken. (Da der Irak-Krieg der USA keinerlei Mandat hat, ist er für unsere Überlegung an dieser Stelle nicht maßgebend und sollte an keiner Stelle mit Afghanistan verglichen werden; im Kongo sind die UN Truppen schwach und ihren Aufgaben nicht gewachsen, die EU hat gerade am 31.10.2008 sich dagegen entschieden, Truppen zu entsenden und will diplomatisch vorgehen).

Afghanistan[2] zeigt, dass die Legitimität von Mandaten mit und ohne Sicherheitsrat ein Problem ist. Der afghanische Widerstand hat mit gutem Recht

2 Ich habe für die Erich-Maria-Remarque-Gesellschaft eine auf den letzten Stand gebrachte umfangreiche Literaturliste angefertigt, die von der Gesellschaft in Anspruch genommen werden kann. Deshalb empfehle ich zur kurzfristigen Information die neueren Texte von

und einer Mehrzahl von guten Gründen die Sowjets in einem blutigen Krieg vertrieben (1978–1988). Aber Befreiung ist selten Freiheit. Nach dem Glück, die Besatzer draußen zu haben, hat die Weltgemeinschaft das Land im Stich gelassen; sie hat es den Bürgerkriegen, ideologischen Kämpfen, Stammeskämpfen, Verteilungskämpfen, Religionskämpfen überlassen, die fremden Besatzer waren ja fort. Das Land hat für keine Großmacht strategische Bedeutung, aber dennoch wurde es zum Schauplatz eines stellvertretenden Manövergrundes für politische, ökonomische auch drogenkriminelle Interventionen. Nicht umsonst sagen die meisten Afghanen – einer der wenigen harten empirischen Befunde – lasst uns nicht *wieder* im Stich. Wegen dieses Wieder spreche ich heute hier. Hätte jemand, hätten wir, die NATO, die UN, 1989 mit Militär eingreifen müssen, um die Bürgerkriege zu verhindern? Wahrscheinlich nicht, aber das Land aufbauen und seinen Weg in einen Rechtsstaat und eine stabile Staatlichkeit hätten wir fördern müssen. Statt dessen haben wir es aus ganz anderen Gründen sich selbst überlassen, das heißt z.B. dem pakistanischen Geheimdienst ISI, das heißt hochgerüsteten Milizen, die die Drogenökonomie und die Handel um externe Waffen- und Geldlieferungen, auch um die Pipelinekonzessionen ausnützten, um einen endlosen Bürgerkrieg zu beginnen, der durch die Taliban, später durch diese und Al Qaida, scheinbar autoritär beendet wurde. Wir haben zugelassen, dass eines der furchtbarsten Regime der Gegenwart nicht nur an die Regierung kam, sondern sogar wegen des scheinbaren sozialen Fortschritts und der Beruhigung im Inneren einigen Zuspruch bekam (Ich erinnere hier an einige verfrühte Lobpreisungen der Hamas nach ihrem Wahlsieg). Die Unterstützung der Nordallianz war in gewissem Sinn Außenpolitik. Aber die Intervention 2001 – als Folge von 9/11 – zeigt die Dimension globaler Innenpolitik. Womit ich beim Kern des ersten Teils meines Themas bin: Petersberg und die Regierung Karzai, das Mandat von UNAMA und ISAF sind Versuche, die Freiheit und Souveränität der Afghanen herstellen zu helfen, nicht sie zu erzwingen; es sind Versuche, die Staatlichkeit und damit auch die Bedingung für Zivilgesellschaft zu befestigen (und nicht umgekehrt), sie sind Versuche, so etwas wie eine institutionelle Enttraumatisierung nach 30 Jahren Krieg zu befördern. Dabei geht es um die Befestigung des staatlichen Machtmonopols und des Rechtsstaats, aber

Conrad Schetter sowie explizit Ahmed Rashid (2008), Steve Coll (2004), Barnett und Rashid in *Foreign Affairs* 2008, Daxner, Free u.a. 2007, sowie die Unterrichtungen des deutschen Bundestags zum Afghanistan-Einsatz und die Erfahrungsberichte von Winfried Nachtwei MdB.

auch um die Abwehr einer destabilisierenden Drogenökonomie, eines zunehmend aus der Erstarrung der Diktatur sich befreienden Wettbewerbs der Strongmen (Warlords hätte man früher pauschalisiert), es geht um die Umschichtung der Eliten. Es geht um Nation Building und um Society Building. Der Einwand ist klar: Soweit so akzeptabel, wenn nicht gut. Aber die Amerikaner verfolgen ja noch ganz andere Ziele und vergreifen sich an den Mitteln. Richtig ist dieser Einwand, aber nur beschränkt folgenreich. Ohne die Amerikaner und ihren Impetus nach 9/11 hätten wir (Europäer, Friedensfreunde, Remarque-Gesellschaft etc.) wie 1989 das Land wieder sich und seinen Zerstörungen überlassen. Wir hätten Musharif und den ISI (dazu vgl. ausführlich Coll 2004) wieder nach ganz anderen Kalkülen die Taliban aufrüsten lassen. Nur: wie hätten wir auch unsere Ziele ohne die USA bewirken sollen? Wir hätten alle nach Intervention gerufen, *nie wieder wegschauen!* hätten wir gerufen, vielleicht sogar Waffen für die Verfolgten – wen genau, meine Damen und Herrn? – mit dem gleichen Impetus wie damals Waffen für El Salvador? Erinnern sich einige hier im Raum an die Gesellschaft zur Unterstützung der Volkskämpfe (GUV)? Die USA hatten, was Osama betrifft, eine gewisse Legitimation und weltweite Solidarität, die sich aber nicht uneingeschränkt – sinnloses Wort von Schröder – und auch nicht bedingungslos auf den unsinnigen *War on Terror* erstreckt. Und ich stimme den USA-Kritikern dort zu, wo sie feststellen, dass und wie die USA diese Solidarität missbraucht und teilweise verspielt haben (was sich aber natürlich nicht auf die Zeit vor 9/11 rückwärts projizieren lässt). Die UN – UNAMA – ist von Anfang an gegen die achtlosen kollateralen zivilen Opfer der amerikanischen Strategie angegangen, mit mehr Erfolg als man oft wahrnimmt, und in der Außenpolitik ist der Riss sobald nicht zu kitten. Wir Europäer sind Alliierte, aber wir verfolgen unterschiedliche Ziele. Es sind wir Europäer, die die Intervention als Bestandteil von *Nation Building* verstehen, anders als George W. Bush – und das bedeutet eine *Umkehrung der amerikanischen security first* Doktrin. Die Außenpolitik, die Bündnispolitik, die Entpolitisierung und die Ignoranz gegenüber den Realitäten sind im Argen. Die Afghanen brauchen, was sie brauchen, und sie müssen es für verteidigungswert halten, und dann werden wir noch viele Jahre ihnen helfen müssen es zu verteidigen: Trinkwasser, Schulen, Straßen, Stromleitungen, Arbeitsplätze auf unverminten Feldern. Das ist nicht einfach mit der langsamen, aber allmählich wirksamen Ausbildung von afghanischen Sicherheitskräften getan. Es gibt ja die Taliban wirklich, es gibt ja die Selbstmordanschläge (vgl. dazu UNAMA 2007). Die richten sich doch nicht primär gegen die Bundeswehr, sondern gegen Aufbau erhaltenswerten Gebrauchswerts für die afghanische Bevölkerung. (Wenn mal eine internationale Einrichtung in die Luft fliegt oder ein Kinderkrankenhaus, ist man froh, wenn die Marines kommen – und sie müssen kommen, wer denn sonst kann das? Das ist etwas zugespitzt, aber nicht wirklich unrealistisch). Ich rede also von »wir«. Ich sage, dass es richtig ist, dass die Bundeswehr dort am Hindukush arbeitet, und manchmal auch kämpft gegen eine Gruppe von Menschen, deren Ziel nur mehr Destabilisierung ist, denen jede religiöse Legitimation abzusprechen ist, und die von der Bevölkerung nur gefürchtet wird. Zu den Ausnahmen, wo Taliban auch unterstützt werden, kann ich in der Diskussion Auskunft geben, da geht es auch um unser ziviles Versagen. Lasst uns nicht über Sicherheit reden, sondern darüber, was die Afghanen selbst wollen und brauchen, lasst uns das bezahlen und langfristig unterstützen und lasst es uns schützen, wenn es sein muss, mit Militär. Und – damit komme ich zum zweiten Teil – lasst uns dies tun um der *Freiheit der Afghanen* willen. Humanitär heißt, einmal vom eigenen staatlichen und gesellschaftlichen Interesse abzusehen: wir haben die Pflicht, den Afghanen zu helfen, und nicht die Wahl. Wegschauen gilt nicht. R2P (Responsibility to Protect) wird zunehmend ein neues Völkerrecht bestimmen, das noch nicht geschrieben ist; aber sich monoton aufs alte zu berufen, reicht auch nicht.[3]

II.

Aber, das zeigt der Heimatdiskurs, wir dürfen das nicht in einem Kontext tun, als ob wir noch dankbar dafür sein müssten, dass unsere Soldaten – bitte, das sind unsere Kinder und Enkel, unsere Brüder oder Schwestern, das ist nicht das Landserkollektiv der imaginären Armee – dass also unsere Soldaten dort ihre Pflicht *für uns* erfüllen dürfen. Nein, sie erfüllen ihre und unsere Pflicht für *andere Menschen*, die wir kollektiv Afghanen nennen. Für 29 Millionen Menschen, die in einem der fünf ärmsten Länder der Welt leben.[4] Was diskutieren wir also hier?

3 Seit vielen Jahren untersuche ich in einem Team »Interventionskulturen«, u.a. die Enttäuschungen gebrochener oder ineffektiver wirtschaftlicher und sozialer Hilfszusagen, ungenügender Übertragung von Verantwortung an die lokalen Behörden, Aufbau ziviler Institutionen. Vgl. dazu www.uni-oldenburg.de/interventionskultur/

4 Über Prioritäten, Bedürfnisse und Einstellungen dieser Menschen kann man einen guten ersten Überblick erhalten bei den empirischen Untersuchungen der Asia Foundation Kabul: Afghanistan in 2004, 2006, 2007 und 2008. Diese Längsschnittstudie erlaubt auch ziemlich genau zu orten wo wir versagen: im Bereitsstellen von genügend Mitteln, im langsamen Aufbau der Institutionen. Allerdings: nirgendwo ist der Zuwachs an Lebensqualität so groß wie im Schulwesen. Das können wenige intervenierte Länder von sich behaupten. Über die falsch platzierten Vorwürfe der Unterstützer an die Afghanen vgl. Daxner 2007.

Heimatdiskurs nenne ich das.

Wir haben diesen Begriff gewählt, weil er schon von der Wortwahl ironische und pathetische Elemente enthält. Heimatdiskurs meint alle diskursiven Praktiken einer Gesellschaft, deren Mitglieder (Soldaten und Zivilisten) in Interventionsgesellschaften tätig sind; im Heimatdiskurs wird die öffentliche Legitimation von Auslandseinsätzen in Frage gestellt, und zwar auf verschiedenen Ebenen. Von der privaten Nutzenabwägung bis hin zum nationalen Selbstverständnis. Wenn etwa sich die Bundeswehr heute überwiegend über ihre Funktionen *out of area* definiert[5] – und dies in den einzelnen Soldaten am Hindukusch individuell gebrochen wird, dann ist es nicht unwichtig für diesen Soldaten, wie seine Familie, sein Umfeld und wie der Afghanistandiskurs »zu Hause« seine Tätigkeit beurteilt. Diese Beurteilung hat aber auch enorme Wirkung auf die Entscheidungsträger in Parlamenten und Regierung.

Nun ist es evident, dass die Medien hier eine große Rolle spielen, aber sie sind nicht der einzige Ort. Bleiben wir beim Hindukusch, wo nach den Worten des früheren rot-grünen Verteidigungsministers Struck »unsere Freiheit verteidigt« wird. Der Satz ist ein *running Gag* geworden, weil er die Ambivalenzen im Heimatdiskurs wie kaum ein anderer verdeutlicht. Wie man in einem globalen Konflikt zunächst das possessive »*unsere* Freiheit« verdeutlicht, ist schon kompliziert; als erstes wird hier Deutschland assoziiert, dann aber auch sehr schnell die Ebene von Familien, wenn ein Angehöriger in Afghanistan tätig ist; andere Subtexte weisen auf »uns« als den Westen, die NATO, das christliche Abendland oder eine komplexe Verbindung nationaler Ressentiments und Stereotypen hin. Auch die Konnotationen von »Freiheit« in diesem Spruch sind ambivalent. Struck hat wahrscheinlich gemeint, die Übersetzung in die Freiheit *von* terroristischen Attacken könne einfach assoziiert werden, wenn wir mithelfen, die Terroristen am Hindukush zu binden oder zu besiegen. Da aber »verteidigt« wird, muss ein Angriff mitgemeint sein. In dem Satz ist ein ganzes Konzept von *War on Terrorism* impliziert, das nicht an die Oberfläche kommt. Verbinden wir diesen Satz einmal »probeweise« mit dem »sicheren Norden« Afghanistans, wo ein Großteil der Bundeswehr tätig ist; dieser Norden wird zunehmend unsicherer, und es ist klar, dass auch der »sichere Norden« insoweit zum Heimatdiskurs passt, als unsere braven Soldaten ihr Freiheitswerk relativ weniger gefährdet verrichten als z.B. die Amerikaner im unsicheren Süden. Mit der Realität hat das wenig zu tun. Der sichere Norden sollte Akzeptanz erzeugen, der unsichere Sü-

5 Das ist doch für viele klarer als der »Staatsbürger in Uniform«, was soll er denn *da* tun?

den die Klugheit unserer Regierung, dort keine Truppen einzusetzen. In diesem Segment der Legitimationsübungen geht es aber mehr um Distanzübungen zu den USA und der Operation Enduring Freedom als um praktische Entscheidungen. So wird langsam ein Bild einer kriegführenden, aber moralisch gedeckten Partei geformt.

Aber wann immer ich in Diskussionen einwerfe, man könnte doch auch sagen, dass »die Freiheit der Afghanen am Hindukush verteidigt« wird, dekonstruiert sich Strucks Satz sozusagen von selbst. Denn dann müsste die Legitimation aus dem *positiven Bekenntnis* kommen, dass uns die Freiheit eines anderen Volkes, das durch eine konkrete Gefahr (Taliban) bedroht ist, einen *out of area* Einsatz (moralisch und pragmatisch) wert ist, selbst wenn wir gar nicht oder nur höchst indirekt bedroht wären. Das würde politische Argumentationen z.B. auf eine bestimmte Tradition der Unterstützung von Freiheitskämpfen im ausgehenden kolonialistischen und imperialistischen Kontext zurück binden. Davon ist der Heimatdiskurs aber weit entfernt. Vielmehr wird dort, wo nicht entscheidungsnahe Kritiker der bestehenden Politik das Afghanistanmandat diskutieren, ein selbst-versichernder und sich vergewissernder Monolog geführt, der gleichwohl die Öffentlichkeit erreichen kann und darüber erheblichen Druck auf Politiker ausüben dürfte. Die Grünen tun sich zur Zeit schwerer, mit dem Heimatdiskurs umzugehen, weil sie ja den Einsatz in Afghanistan und vorher im Kosovo mit-mandatiert haben und jetzt aus der Opposition heraus das Prinzip des Einsatzes weiterhin teilen (wollen), aber die Mittel ablehnen (müssen). Die Linke plädiert mit ihrer unreflektierten Abzugsforderung für zwei Konzepte, in denen das Heimatkonzept aufscheint. Erstens: lassen wir die dreckige Arbeit den Amerikanern (es geht um einseitigen Rückzug der deutschen Truppen bzw. nicht-Verlängerung ihres Mandats), die wir dann auch noch moralisch angreifen können; und zweitens nehmen wir mit dem Abzug (virtuell alle ausländischen Truppen betreffend) einen Bürgerkrieg in Afghanistan in Kauf, es ist ja nicht *unserer*. Wenn aber die Regierungsparteien einfach *weiter so!* befinden, dann stellen sie sich nicht den Fragen, die ich eingangs gestellt habe. Mit welchen Mitteln sie den Strategiewechsel befördern wollen, welche politischen Konflikte sie auf sich nehmen, sagen sie nicht nur nicht, sie wollen ihre eigenen Gewissheiten nicht zur Kenntnis nehmen, denn das bedeutet: Konflikte in der NATO-Entscheidungsstruktur; außenpolitisch mehr Abstand zu den USA und zu den Unterstützern der USA in Osteuropa – warum dort so viel mehr Sympathie für die USA und ihre Militärpolitik vorherrscht, weiß jeder, der fünfzig Jahre unter stalinistischen Regimen gelebt hat; was nicht heißt, dass man das billigen muss. Es bedeutet eine neue Politik gegenüber dem Iran, Russland und Pakistan sowie Indien als regionale Akteure; das bedeutet aber auch erhebliche Aufstockung von Mitteln, Entsendung von weit mehr Polizeibeamten, und eine gleichzeitige Unterstützung von Institutionenaufbau und Zivilgesellschaft im Rahmen einer EU-Politik.

III. Bilder und Muster[6]

Der Heimatdiskurs arbeitet stark mit Bildern, die jeweils ihre Deutungsmächtigkeit aus den Diskursen bestimmter Generationen beziehen. Die Kriegsbilder von Berufsarmeen mit kontinuierlicher Kampfeinsatzerfahrung sind anders als die der deutschen Freiwilligenarmee. Auch ist von Bedeutung, ob es vorgängige Muster für den Einsatz außerhalb der Grenzen gibt (»Deutsche Stiefel auf dem Balkan«, im Kosovo-Konflikt). Die Assoziationen, die ein Ländername (Afghanistan), eine Gruppenbezeichnung (Taliban, Djihadi), der eine Berufsbezeichnung (Terrorist, Dissident) auslösen, liegen weder auf der Hand noch sind sie einer Alltagspsychologie zugänglich. So war Afghanistan z.B. in den 1960er und frühen 1970er Jahren ein leichter erreichbares Land im Rahmen bestimmter Orientalismen. Dass davon Deutungen im politischen Raum übrig geblieben sind, ist vielleicht weniger zu erwarten, als es vor zehn Jahren der Fall gewesen wäre, aber wir haben überraschend viele Beispiele für Politiker aller Couleurs, die sagen, sie seien damals auch in Kabul gewesen und vielleicht mit dem VW-Bus dahin gereist. Nun gehen solche Befunde weniger stark in den Heimatdiskurs ein als die instrumentalisierbaren Aussagen von einzelnen Akteuren – stark personalisierte Homestories nach dem Muster der *Spiegel*-Reportagen – oder Befunde von Exilierten oder Migranten, die selbst eine ganz andere Art von »Heimat«-Diskurs für ihr Gastland übersetzen. Wir müssen bei den Letzteren vermeiden, von vornherein Berechnung, Opportunismus oder bestimmte Taktiken zu unterstellen. Auch hier sind die Stellung zur Intervention und das Verhältnis zu den Intervenierenden hier (im Gastland) wie dort (im Heimatland) von großer Bedeutung und oft reziprok zu analogen Beziehungen der Remigranten, die aus ihrer Heimat die Intervention interpretieren, nachdem sie zurückgekehrt sind. Es gibt zwar einige gute Forschung über Migration und Heimkehr, aber viel zu wenig darüber, mit welchen Bildern und Vorstellungen etwa die Menschen in eine (schon wieder veränderte) Heimat zurückkehren, und welche Bilder sie in ihren Gastländern, z.B. bei uns, lassen. Es klingt vielleicht unangemessen

6 Die folgenden zwei Absätze sind mit geringen Veränderungen einem Vortrag für den deutschen Soziologentag 2008 entnommen.

poetisch, wenn ich sage, dass viele dieser Bilder hier lebendig werden und in unserem Bild von Afghanistan ein Eigenleben zu führen beginnen. Das ist auch ganz deutlich und gut zu belegen, wenn man die Bilder vergleicht, die von akzidentiellen Besuchern, vor allem Politikern, nach Hause gebracht werden und die von den Menschen gespeist wurden, mit denen sie sich mehr oder weniger zufällig unterhalten haben oder konnten.

Im Interventionsland gibt es Analoges: Die Bilder der aus friedlichem Exil Heimkehrenden treffen beispielsweise auf die Bilder der durch den Krieg »zwangs-modernisiserten« Menschen im Land oder von solchen, die unter ärgsten Bedingungen ihrer ländlichen Umgebung entrissen wurden. Wie damit umgehen, wenn die Übersetzer fehlen und die Zeit knapp ist? Kulturelle Einflüsse der Intervenierenden treffen oft auf Wiedererkennenseffekte bei Heimkehrern, auf Fremdheitsreaktionen bei Daheimgebliebenen oder im Land Entwurzelten.

Solche Erfahrungen sollen nicht nur erforscht werden, sondern auch in der Unterstützung von Bildungsreformen und der Schaffung öffentlichen Raumes[7] ihren Ausdruck finden. Hier könnte eine Friedensbewegung ergänzend zur Entwicklungs- und Aufbauhilfe tätig werden. Es wird ja z.B. bei den Grünen ein ziviles Friedenskorps diskutiert.[8]

Eine andere Form von Bildern möchte ich noch aufrufen, ohne hier Expertise zu beanspruchen. Es ist allgemein bekannt, dass die Sicherheitssituation in Afghanistan sich seit zwei Jahren ständig verschlechtert, und zwar anscheinend unbeeinflusst von den Anstrengungen der Intervenierenden. (Nach meiner Kenntnis ist das alles viel komplizierter: Es gibt zwar mehr Anschläge, mehr Konflikte und Kämpfe mit den Taliban und damit auch mehr Opfer, zusätzlich zu einer großen Zahl zufälliger, in Kauf genommener ziviler Toter (»kollateral«), aber dies steht u.a. mit dem Aufbäumen der Taliban in Afghanistan angesichts sich dort konsolidierender Verhältnisse und der Verlagerung von Kämpfen nach Pakistan in Zusammenhang, – wie gesagt, auch das nur ein kleiner Unterschied zum Augenschein, aber für den Heimatdiskurs nicht unerheblich). Nun steht aber gar nicht mehr die Frage im Vordergrund, wie stark »wir« uns militärisch und zivil am Aufbau des Landes beteiligen und solidarisch mit den Afghanen deren Kampf um Freiheit und Würde unterstützen sollen, sondern der Diskurs

7 Im Kosovo geschah das z.B. durch die Schaffung eines »Republikanischen Klubs«, der mi Hilfe des Bildungs-Ministeriums und der Heinrich-Böll-Stiftung 2001 diesen Raum zum Austausch ohne fremde Diskursdominanz herstellen half.

8 Im Vorfeld der Bundesdelegiertenkonferenz der Grünen 2008 wird ein umfangreiches Szenario von Möglichkeiten eines Europäischen Zivilen Friedenskorps diskutiert.

gebietet Rückzug und Eindämmung. Dabei werden Bilder eines Genres verwendet, das dazu besonders kantige Bilder liefert: der Western-Film. Kurz hintereinander brachten die Magazine der beiden führenden liberalen Zeitungen des Landes, der *SZ*[9] und der *Zeit*[10], zwei Titelfotos: bei der *SZ* sah man einen Soldaten mit dem Rücken zum Betrachter sich entfernen, ins Diffuse entschwinden, – die Überschrift war »Irgendwo im Hindukusch«. Der geschlagene Held entfernt sich nach der Niederlage. In der *Zeit* lautet die Überschrift des Dossiers »Die Wiederkehr der Taliban«. In einem vorzüglichen Artikel wird die Politik und Strategie der Taliban beschrieben, die Reaktionen der Bevölkerung, die meist ablehnend sind, werden dargelegt: ein guter, journalistisch sorgfältiger Artikel. Aber das große Bild erledigt das Argument: Drei, vier Mopeds in Reihe kommen die Straße hinauf, die Fahrer sind bis an die Zähne modernst bewaffnete junge Krieger. Man kneift die Augen zusammen, sieht ein paar Reiter auf einen zukommen, es könnten noch mehr dahinter kommen, die Sieger reiten in die Stadt ein... Botschaft: gegen die haben wir keine Chance.

Zum Schluss: Was würden Sie mit den *Herzen und Köpfen der Afghanen* anfangen, um die jetzt Herr Jung nach dem Tod der Soldaten von Kunduz wirbt, ähnlich der revidierten US-Strategie vom November 2007? Wir brauchen ihre Herzen nicht, Karzai und seine Regierung, die Institutionen des Rechtsstaats brauchen sie. Humanitär sind Interventionen nur, wenn ihr Zweck unsere Interessen übersteigt.

9 *Süddeutsche Zeitung Magazin*, 30.05.2008.
10 *Zeit Magazin*, 19.06.2008.

Zitierte und erwähnte Literatur

Asia Foundation. (2006). *Afghanistan in 2006. A Survey of the Afghan People.* Kabul: The Asia Foundation.

Asia Foundation. (2007). *Afghanistan in 2007. A Survey of the Afghan People.* Kabul: The Asia Foundation.

Asia Foundation. (2007). *State Building, Political Progress, and Human Security in Afghanistan.* Kabul: Asia Foundation.

Coll, S. (2005). *Ghost Wars: The Secret History of the CIA, Afghanistan, and bin Laden, from the Soviet Invasion to September 10, 2001.* New York: Penguin.

Daxner, M. (2007). »Was festzustellen und was aufzuschreiben ist. Reflexionen über Afghanistan im November 2006«. *kultuRRevolution*, 52, 62–71.

Daxner, M., Free, J. H., Schüßler, M., & Thiele, U. (2007). »Staatsgründungskrieg und Heimatdiskurs. Afghanistan – und die Grundlagen und Probleme humanitärer Interventionen. Kommune«. *Forum für Politik, Ökonomie, Kultur*, 25(6), 62–81.

Nachtwei, W. (2008). *Besuch in West-, Süd-, Zentral-, Nord-Afghanistan: Viele Lichtblicke bei immer mehr Düsternis.* Deutscher Bundestag.

Rashid, A. (2001). »Afghanistan: ending the policy quagmire«. *Journal of International Affairs*, 54(2), 395–410.

Rashid, A. (2001). *Taliban. Afghanistans Gotteskrieger und der Dschihad.* München: Droemer.

Rashid, A. (2008). *Descent Into Chaos. How the War Against Islamic Extremism is Being Lost in Pakistan, Afghanistan and Central Asia.* London: Allen Lane.

Schetter, C. (2000). *Der Krieg in Afghanistan und seine regionale Dimension.* München: Oldenbourg.

Schetter, C. (2003). »Ethnicity and the Political Reconstruction in Afghanistan«. Paper presented at the State Reconstruction and International Engagement in Afghanistan.

Schetter, C. (2003). »Gewaltwirtschaft und ›Warlords‹«. *Blätter für deutsche und internationale Politik*, 48(10), 1233–1236.

Schetter, C. (2004). *Kleine Geschichte Afghanistans.* München: Beck.

Schetter, C. (2004). *Kriegsfürstentum und Bürgerkriegsökonomien in Afghanistan.* Köln: Hausdruckerei der Universität Köln.

Schetter, C. (2006). »The Dilemma of Reconstrution in Afghanistan: International Intervention between State, Civil Society and Traditional Elites«. H. B. Foundation (Ed.). *Afghanistan.* Berlin: Heinrich Böll Foundation, 9–24.

Schetter, C. (2006). »Wiederaufbau zwischen allen Stühlen. Die internationale Intervention in Afghanistan zwischen Staat, Zivilgesellschaft und traditionellen Eliten«. Heinrich-Böll-Stiftung (Ed.). *Afghanistan.* Berlin: Heinrich-Böll-Stiftung, 9–23.

Schetter, C., Glassner, R., & Karokhail, M. (2007). »Beyond Warlordism. The Local Security Architecture in Afghanistan«. *International Politics and Society*, 2007/2, 136–152.

UNAMA. (2007). *Suicide Attacks in Afghanistan (2001–2007).* Kabul: United Nations Mission to Afghanistan (UNAMA).

Winfried Nachtwei, MdB

Die Frage des Pazifismus an Hand des Bundeswehreinsatzes in Afghanistan*

Vorbemerkung

Seit 1994 bin ich Mitglied des Verteidigungsausschusses des Bundestages und habe als solcher seitdem alle Entscheidungsprozesse zu Auslandseinsätzen der Bundeswehr miterlebt. Bei mehr als dreißig Besuchen vor Ort, in Bosnien-Herzegowina, Kosovo, Mazedonien, in Afghanistan, im Kongo, am Horn von Afrika, vor Libanon und in Georgien bemühte ich mich um ein realitätsnahes Bild dieser Einsätze.

Als Abgeordneter bin ich also in Mitverantwortung, Mithaftung und gegebenenfalls auch Mitschuld für von mir mitgetragene Einsätze. Und ein solcher soll zum Krieg in Afghanistan, zum Einsatz der Bundeswehr dort Stellung nehmen vor dem Hintergrund von Remarques »militantem Pazifismus«?

Ich tue das besonders gern, weil es eine Gelegenheit zur Selbstüberprüfung ist, exemplarisch für solche PolitikerInnen, die aus der Friedensbewegung der 80er Jahre kommen und inzwischen Auslandseinsätze mitverantwortet haben. Für mich persönlich kommt noch hinzu, dass Remarque – und Edlef Köppen (*Heeresbericht*) – Herzstücke meiner langjährigen Tätigkeit als Lehrer für Geschichte und Politik waren. Im diametralen Gegensatz zum Klassenlehrer Kantorek in *Im Westen nichts Neues* wollte ich den SchülerInnen persönlich nahebringen, regelrecht einimpfen, was Krieg ist, wie er menschlich funktioniert und zerstört, dass Krieg eine Geißel der Menschheit ist.

* Aktuelle Berichte und Stellungnahmen zu Afghanistan, anderen Krisenregionen und zur Friedens- und Sicherheitspolitik allgemein unter www.nachtwei.de.

Gerade zu Zeiten der Massenproteste gegen die Atomrüstung und des damaligen »Atompazifismus« war die »Erinnerung« an das Grauen der konventionellen Kriege ganz und gar nicht überholt.

Anforderungen an Friedens- und Sicherheitspolitik

In den 80er und vor allem 90er Jahren wuchs in Teilen der Friedensbewegung die Erkenntnis, dass bloße Ablehnung von Aufrüstung und Krieg nicht reichen, dass reaktiver Antikriegsprotest meist ohnmächtig blieb. Nach vorne traten die Schlüsselfragen

- wie Kriege im Vorfeld verhindert werden können
- wie reale Kriege eingedämmt und beendet, wie Menschen vor illegaler Gewalt geschützt werden können
- wie Frieden gefördert werden kann.

»Stell Dir vor, es ist Krieg, und keiner geht hin« bleibt richtig. Aber Ruanda, Srebrenica, Darfur, Ost-Kongo formulieren den Folgesatz »Stell Dir vor, es ist Krieg, und keinen kümmert es«. Mit anderen Worten: Verweigerung von Kriegsunterstützung ist wichtig, aber unzureichend. Sie muss einhergehen mit Verantwortung, mit Engagement für Kriegseindämmung, Kriegsverhütung und Friedensförderung.

Die beste und eindeutigste Grundorientierung für eine Politik zur Überwindung des Krieges bieten weiterhin die UNO-Charta, das Grundgesetz und neuere UNO-Dokumente (z.B. *In größerer Freiheit: Auf dem Weg zu Entwicklung, Sicherheit und Menschenrechten*, Bericht des UNO-Generalsekretärs Kofi Annan vom 21. März 2005) mit

- der Kriegsächtung und dem internationalen Gewaltverbot,
- dem Friedensauftrag des Grundgesetzes und dem Verbot des Angriffskrieges,
- der Zulassung von Militärgewalt einzig für den Fall der Selbstverteidigung und der nur vom Sicherheitsrat festzustellenden Bedrohung der internationalen Sicherheit und des Weltfriedens. Nicht damit vereinbar ist ein entgrenzter Verteidigungsbegriff wie bei der *Operation Enduring Freedom* und dem »Krieg gegen den Terror«.

Gewaltfreiheit muss ein Grundwert bleiben. Auf der Ebene staatlicher Politik, die über das staatliche Gewaltmonopol verfügt, ist absolute Gewaltfreiheit aber nicht realisierbar und muss anders buchstabiert werden: Im Hinblick auf das Ziel Gewaltfreiheit gilt es, Gewalt einzudämmen und zu verhüten, staatlich legitime Gewalt rechtsstaatlich einzuhegen und zu minimieren.

Vor 90 Jahren ging der Erste Weltkrieg zu Ende – Krieg in Afghanistan heute

Gemeinsam ist beiden bewaffneten Konflikten, dass Menschen durch politisch intendierte Gewalt starben, krepierten, verstümmelt, psychisch zerstört wurden. Darüberhinaus fallen aber vor allem die Unterschiede ins Auge:

Damals trafen im Staatenkrieg Massenheere aufeinander, heute sind es staatliche und nichtstaatliche Akteure.

Damals war es eine industrialisierte Massenschlächterei an linearen Fronten. Heute haben sich die Fronten aufgelöst, gibt es 20–30 Zusammenstöße pro Tag, Anschläge, Raketenabschüsse, Scharmützel, einzelne Präzisionsangriffe. Der Asymmetrie der Schwäche, repräsentiert vom Selbstmordattentäter, steht die Asymmetrie der Stärke, repräsentiert von der Kampfdrohne, gegenüber.

Damals fielen während der Somme-Schlacht (Juni bis November 1916) eine Millionen Soldaten im Kampf um einen Geländestreifen von 12 km Tiefe und 50 km Breite. Von den 12.000 Mann einer angreifenden britischen Division fielen am 1. Juli 5.121 – fast so viele, wie der bewaffnete Konflikt in Afghanistan 2007 an Opfern forderte. Damals waren die Opfer nur Soldaten, in Afghanistan sind es nur zum geringsten Teil Soldaten, zum größten Teil Militante – und jeweils um 1.000 Zivilpersonen und Polizisten.

Die Lage von Krieg + Gewalt, Aufbau + Frieden in Afghanistan

Bis 2005, dem Jahr der ersten Parlamentswahlen seit Jahrzehnten, entwickelten sich die Dinge in Teilen Afghanistans überwiegend positiv. Enorm waren die Fortschritte bei Gewalteindämmung und Aufbau im Vergleich zu den Kriegsjahren. Andere Landesteile vor allem im Süden und Osten blieben von dieser positiven Entwicklung unberührt. Schon im Sommer 2003 hatten ca. 70 internationale Nichtregierungsorganisationen, unter ihnen Oxfam, Pax Christi International, einen ungewöhnlichen Aufruf veröffentlicht: Sie forderten die landesweite Ausdehnung von ISAF unter Führung der NATO. Offenbar sah man ISAF nicht als Kraft der Kriegführung, sondern der Friedenssicherung.

Die kritische, ja z.T. Abwärtsentwicklung seit 2006 wurde wesentlich durch strategische Fehler der ersten Jahre verursacht:

- Die »Staatengemeinschaft« war sich trotz aller Konsensbeschlüsse z.B. im UN-Sicherheitsrat von vorneherein in wesentlichen Interessen und Zielen nicht einig. Die Aufbauunterstützung von ISAF, UNAMA und etlichen europäischen Verbündeten wurde vor allem von den USA über Jahre missachtet. Diese waren jahrelang auf den Antiterrorkrieg und den Irakkrieg fixiert – zum Schaden des Afghanistanengagements.
- Von allen gnadenlos unterschätzt wurde die Herausforderung Stabilisierung und Aufbau Afghanistans. Zu sehr lag der Fokus auf Unterstützung der Zentralstaatlichkeit von oben nach unten, zu wenig Beachtung fanden die lokalen Strukturen und Autoritäten. Der heikle Umgang mit alten Machthabern, Warlords und Kriegsverbrechern endete oft in ihrer Begünstigung und Stärkung. Deutschland übernahm die Lead-Rolle beim Polizeiaufbau. Das qualitativ gute Engagement blieb aber Welten hinter den quantitativen Notwendigkeiten zurück.
- Vernachlässigt wurde Pakistan, in dessen grenznahen Provinzen und Stammesgebieten sich Taliban und Al Qaida reorganisieren und seit Jahren massenweise Kämpfer und Selbstmordattentäter nach Afghanistan schicken konnten.

Regelmäßige Besuche vor Ort zeigen mir nachdrücklich, dass der Aufbau keineswegs gescheitert ist. Ich erlebe pulsierendes städtisches Leben in Herat, Mazar und Kunduz. Größte Teile der Bevölkerung haben Zugang zu einfacher Gesundheitsversorgung. In den Provinzen des Nordens sind inzwischen Lehrerausbildungsstätten entstanden. Hier begegne ich selbstbewussten, lernbegierigen und lebhaften Studierenden. Die von Deutschland entwickelten Provincial Development Funds sind ein Beispiel an afghan ownership und ressortübergreifender Zusammenarbeit. Dass in diesem Jahr in 18 von 34 Provinzen kein Schlafmohn angebaut wurde, liegt nicht nur, aber auch an besserer Regierungsführung in diesen Provinzen und einer besseren Sicherheitslage.

Zugleich hat sich die Sicherheitslage in Teilen des Landes enorm verschlechtert: In vielen Distrikten des Südens und Ostens herrscht asymmetrischer Krieg, in Helmand kriegen auch ca. 10.000 britische und US-Soldaten die Lage nicht in den Griff. Viele andere Distrikte schon in der Umgebung von Kabul sind immer weniger für Regierungsleute und Hilfsorganisationen zugänglich. Im Norden ist inzwischen die Provinz Kunduz ein hot spot. Einige Zellen mit insgesamt um die 200 Kämpfern haben eine Guerillakriegführung gegen die afghanische Polizei und Armee und ISAF/Bundeswehr mit ihren ca. 300 Einsatzsoldaten begonnen – in einer Provinz von der Größe Rheinland-Pfalz und Saarland zusammen. Aus Pakistan mit seinen schätzungsweise mehr als 100 Ausbildungscamps sickern Militante und Attentäter ein.

Zugleich sind die politische Stimmung und insbesondere das Ansehen der Regierung am Boden. Einzelne gute Minister wie der ehemalige Bildungs-, jetzt Innenminister gelten als Ausnahme von der Regel.

Zusammengefasst: In Afghanistan ist meiner Einschätzung nach seit einiger Zeit die destruktive Negativdynamik kräftiger als die positive Aufbaudynamik.

Notwendige Konsequenzen

Grundsätzlich gibt es für die Internationale »Gemeinschaft« und die Bundesrepublik drei Optionen: weiter so mit vereinzelten Nachbesserungen; schneller Abzug; Strategie- und Kurswechsel.

Den Weg des »Weiter so« vertritt die Bundesregierung im Großen und Ganzen. Der ›deutsche‹, im Norden praktizierte Ansatz geht wohl in die richtige Richtung, ist aber halbherzig. Damit ist mittelfristig ein Scheitern wahrscheinlich.

Im Fall eines Sofortabzuges befürchten GesprächspartnerInnen aus der afghanischen Zivilgesellschaft einmütig eine schnelle Talibanisierung im Süden und Osten, Bürgerkrieg in anderen Landesteilen und einen Destabilisierungsschub Richtung Pakistan, insgesamt eine schnelle Eskalation von Krieg und Gewalt. Die schwachen demokratischen Friedenskräfte wären wohl die ersten Opfer der neuen alten Herren.

Seit mehr als zwei Jahren dränge ich auf einen Strategie- und Kurswechsel. Wesentliche Elemente wären:

(a) Zuallererst eine ehrliche Bilanz und Strategieüberprüfung nach inzwischen sieben (!) Jahren.

(b) Einstellung des Antiterrorkrieges durch OEF und Special Forces der CIA; Rückführung von ISAF auf den ursprünglichen Unterstützungsansatz; Klärung des Strategiedissens ›am Boden‹ in der NATO.

(c) Verstärkung der Bemühungen um politische Konfliktlösung: eine regionale diplomatische Initiative unter Einbeziehung von Pakistan, Indien, Iran und zentralasiatischen Nachbarn; Stärkung lokaler Ansätze mit örtlichen Autoritäten und Strukturen; Verhandlungen mit ansprechbaren Gruppierungen der Aufständischen.

(d) Armutsbekämpfung und Aufbauoffensive: Um die Negativdynamik zu stoppen und umzukehren, sind besondere Anstrengungen notwendig: realitätsnahe, ehrgeizige und überprüfbare Aufbauziele in den Bereichen, Infrastruktur, Energie, Landwirtschaft und Arbeitsplätze, Bildung, Polizei, Justiz, Armee.

Das enorme Bevölkerungswachstum und vor allem die steigende Zahl junger, perspektivloser Männer erfordern schnelle Aufbauerfolge. Die Zeit drängt gerade auch beim Aufbau der Polizei.

(e) Abzugsperspektiven dürfen nicht länger im Ungefähr-Unendlichen gelassen werden. Gerade Soldaten und Offiziere mit Afghanistanerfahrung drängen auf klare Abzugsperspektiven. Die Beispiele Niederlande und Kanada zeigen, wie disziplinierend und mobilisierend für die Aufbauanstrengungen politisch gesetzte Abzugsdaten wirken.

Erfolgschancen?

Aufbau und Entwicklung nach Jahrzehnten von Krieg und Gewalt brauchen Generationen und langen Atem, erst recht bei einer so fragmentierten und teilweise so traditionalistischen Gesellschaft wie der in Afghanistan. Zugleich läuft für eine Wende zum Besseren die Zeit davon. Ein militärisches Engagement von der jetzigen Intensität halten weder die afghanische Gesellschaft noch die Gesellschaften der ISAF-Staaten zehn Jahre aus. Für eine Stabilisierung der Sicherheitslage stehen nur noch wenige Jahre zur Verfügung. Chancen sehe ich

- in der Einstellung von ISAF-Spitzenmilitärs, die eine militärische Lösung für unmöglich erachten und ›80%‹ der Lösung im nichtmilitärischen Bereich verorten;
- in Bemühungen zivilgesellschaftlicher Akteure und traditioneller Strukturen, von unten Konfliktlösungen zu suchen;
- in dem inzwischen deutlich entspannteren, ja z.T. kooperativen Verhältnis zwischen den Spitzen Afghanistans und Pakistans;
- in dem ungenutzten politischen Potenzial von China, Saudi-Arabien und anderen;
- in der neuen US-Administration, von der eine realitätsnähere und politischere Strategie zu erwarten ist. Äußerst bemerkenswert ist, dass Ahmed Rashid, der kompetenteste wie schärfste Kritiker US-amerikanischer und westlicher Afghanistan- und Pakistanpolitik, an der Überprüfung der US-Afghanistan-Strategie durch den CENTCOM-Kommandeur General Petraeus beteiligt ist;

Und nicht zuletzt hören und erfahren wir immer wieder und immer noch von dem besonderen Ansehen, dass Deutschland unter den Afghanen genießt. Sehr wach und positiv sind z.B. noch die Erinnerungen an große deutsche Entwicklungsprojekte in Paktia und Kandahar in den 60er und 70er Jahren.

Dieses Ansehen bedeutet Chance und Verpflichtung zugleich.

Diese Chancen zu sehen, zu ergreifen und mit aller Kraft zu nutzen – darauf wird es in 2009 entscheidend ankommen. Dass 2009 in Afghanistan wie Deutschland Wahljahr ist, braucht das nicht zu erschweren.

Andreas Schäfter/Enne Schmidt

Die Angst vor dem Frieden? Das Verhalten der politischen Akteure in europäischen Minderheitenkonflikten am Beispiel des Baskenlandes

Theoretische Einordnung des baskischen Konflikts

Die baskische Gemeinschaft stellt eine territoriale Minderheit mit kompakter Siedlungsstruktur dar. Ungleich der Sinthi und Roma beispielsweise existiert hier ein so genanntes *Homeland*, nämlich Euskal Herria, mit einer zentralen Bedeutung für die Gemeinschaft. Beherbergt wird ein Großteil der Basken durch ein multi-nationales Staatsgebilde, auch wenn Spanien der Verfassung nach einen Nationalstaat darstellt.

Die divergierenden Sichtweisen im Hinblick auf den Charakter des spanischen Staates steigern die Komplexität der Konfliktstruktur. Die Komplexität wird auch mit Blick auf die Landkarte offenbar. Verschiedene politische Einheiten bilden den baskischen »Traumstaat« Euskal Herria: Zum einen die drei Provinzen der spanischen autonomen Gemeinschaft Baskenland, die autonome Gemeinschaft Navarra, die seit jeher von baskischen Nationalisten zum Baskenland gezählt wird, sowie des Weiteren die drei baskischen Nordprovinzen, die von Frankreich beherbergt werden und kein Département mit eigenen politischen Institutionen bilden.

Das Konfliktdreieck nach Johan Galtung fasst zusammen, welche Punkte grundsätzlich einem friedlichen Zusammenleben entgegenstehen und dementsprechend in einem erfolgreichen Friedensprozess adressiert werden müssen: Die Problematik eines jeden Konflikts sind die gegensätzliche Wahrnehmung der Situation seitens der verschiedenen Parteien, das eskalationsfördernde

Verhalten der wichtigsten Akteure sowie die gegensätzlichen Interessen der Parteien, die am Anfang eines jeden Konflikts stehen.[1]

Historische Ausgangslage

Nach dem Spanischen Bürgerkrieg gehörte das Baskenland für die siegreichen Franquisten zu den so genannten Verräterprovinzen, da es sich mehrheitlich auf die Seite der republikanischen Sache gestellt hatte. Das Baskenland, zu diesem Zeitpunkt bereits im spanischen Vergleich wirtschaftlich relativ weit entwickelt und industrialisiert, bezahlte mit einem Verlust der unter der II. Republik erworbenen politischen Autonomie sowie vor allem mit sprachlich-kultureller Repression. Bemerkbar machte sich die neue Diktatur im Baskenland durch eine extrem hohe Polizei- und Militärpräsenz, eine massive Einschränkung der bürgerlichen Freiheiten, insbesondere eine Kontrolle der Basken als Sprachminderheit. Nach Jahrzehnten passiven Widerstands durch die sich im Exil befindliche baskische autonome Regierung entsteht im Baskenland, zunächst als Protestbewegung mit Bezug zur Unterdrückung der eigenen Sprache Euskera und Kultur, eine baskische Nationalbewegung, die sich bald von ihrem Ursprung Ende des 19. Jahrhunderts, der baskisch-nationalistischen Partei PNV[2], löst und zunächst von Studenten sowie Klerus getragen wird.

Die Protagonisten

Die Organisation ETA[3], bestehend aus dem dominierenden militärischen sowie einem eher politisch-kulturalistisch geprägten Flügel, macht seit Ende der 1950er Jahre immer wieder mit Gewaltaktionen, Entführungen sowie Erpressungen von sich reden. Entstanden war sie ursprünglich in studentisch und katholisch geprägten Kreisen aus dem Umfeld der Jugendorganisationen des PNV. Die seit dem 19. Jahrhundert organisierte Partei war der Jugend unter Franco zu passiv; diese spaltete sich in der Folge ab und ging in ETA auf. ETA sah und sieht sich selbst in der Tradition der Befreiungsbewegungen der Dritten Welt, die das Ziel

1 Vgl. zu Galtung u. a. Hugh Miall, Oliver Ramsbotham, Tom Woodhouse. *Contemporary Conflict Resolution*, 19ff.

2 PNV= Partido Nacionalista Vasco.

3 ETA steht für Euskadi eta Askatasuna = Baskenland und Freiheit.

verfolgen, sich von kolonialer Unterdrückung, im baskischen Falle seitens der Spanier, zu befreien. Zentrale Ziele sind bis heute ein unabhängiges Baskenland in den Grenzen von Euskal Herria (alle sieben baskisch geprägten Provinzen in Spanien und Frankreich eingeschlossen) sowie dessen Umwandlung in einen sozialistischen Staat.

Auf der militärischen Ebene agieren die verschiedenen Zellen der ETA, auf der politischen Ebene kämpft Herri Batasuna bzw. in seinen Nachfolgeformationen sowie weitere Bewegungen und Parteien der so genannten »patriotischen Linken«[4] für diese Ziele.

Die ETA geht in ihrer Entwicklung von einer ersten, gewaltlosen Phase Ende der 1950er bis zur zweiten Hälfte der 1960er Jahre über zu einer Strategie der aktiven Gewaltanwendung, die jedoch zunächst allein gegen franquistische Sicherheitskräfte und andere Vertreter des Franco-Regimes gerichtet ist. Gerade deshalb erfreut sich ETA bis zu Francos Tod einer hohen Popularität in ganz Spanien, vor allem bei sämtlichen Ausprägungen der franquistischen Opposition. Den Gipfel an Popularität erreichten die baskischen Untergrundkämpfer mit der Ermordung des Admirals Carrero Blanco, designierter Nachfolger Francos in der Position des Ministerpräsidenten und Symbolfigur der Repression im Jahre 1973 in Madrid.

Die *Transición*[5] in Spanien nach Francos Tod 1975 bedeutete für die ETA und auch die baskisch-nationalistische Bewegung insgesamt eine Spaltung in zwei Gruppierungen, die sich in Folge zunächst verfestigte. Parteien wie der PNV und auch ein Teil von ETA optierten für die Teilnahme und Mitarbeit am Aufbau des neuen Autonomiestaates Spanien, während ETA-*militar* und dessen politisches Umfeld weiterhin einen undemokratischen Staat in Spanien sehen, dessen Institutionen sie zu boykottieren und zu bekämpfen beschließen. Die neu formierte ETA behält die Gewaltmethode als zentrale Strategie bei, weitet seinen Opferkreis auf die Zivilbevölkerung aus und geht zu einer offensiven Gewaltanwendung über. Seither fiel die Popularität der ETA in Gesamtspanien gegen null, im Baskenland steigt der Widerstand seitdem nicht unbedingt gegen die zentralen Ziele, jedoch aber gegen die Gewaltmethode kontinuierlich. Insgesamt bleibt für die ETA festzuhalten, dass es sich um eine heterogene Organisation handelt, in der bisher jedoch der militärische Flügel mit Affinität für die Fortführung der bewaffneten Auseinandersetzung die Oberhand behalten hat.

4 Spanisch: Izquierda abertzale.

5 Transición steht für den spanischen Übergang zur Demokratie 1975–1982.

Seit 1998 lässt sich ein Paradigmenwechsel im baskischen Lager und eine Annäherung der verschiedenen baskisch-nationalistischen Gruppierungen feststellen, belegt durch Phasen der politischen Zusammenarbeit von gewaltbereiten und Gewalt ablehnenden Bewegungen.

Das baskische Parteiensystem insgesamt ist vor allem durch zwei Bruchlinien geprägt: Das baskisch-nationalistische Lager steht dem zentralistisch, spanisch-nationalistischen gegenüber. Darüber hinaus kennzeichnet das Parteiensystem die typische Links-rechts-Bruchlinie, die allerdings quer durch beide Lager, das heißt unabhängig von der jeweiligen nationalen Identität, verläuft. Mittlerweile hat sich im Hinblick auf die regionalen Wahlen im Baskenland ein Kräftegleichgewicht zwischen spanisch und baskisch orientierten Parteien eingestellt, was eine zunehmende Zweiteilung der baskischen Gesellschaft auch in Bezug auf den Konflikt und die jeweiligen Ziele der Akteure nahe legt.

Die spanische Zentralregierung, durch die spanische Volkspartei PP[6] oder die spanischen Sozialisten PSOE[7] geführt, die jeweils auch mit Ablegern im Baskenland vertreten sind, optierten stets für eine harte sicherheitspolitische Verfolgung der ETA. Zu diesem Zwecke kam es öfter zu einer links-rechts-übergreifenden Zusammenarbeit in Form von Antiterrorismuspakten, denen die Wahrnehmung des Konflikts als rein kriminelles Problem zugrunde liegt. Auch diese Wahrnehmung hat Verhandlungen auf politischer Ebene als Möglichkeit zur Einleitung eines nachhaltigen Friedensprozesses bisher unmöglich gemacht.

Die zentralen Konfliktlinien

1) Der Konflikt über den künftigen politischen Status des Baskenlandes wird zwischen dem Baskenland und Spanien generell, beziehungsweise auf politischer Ebene zwischen der autonomen Region und ihrer Regierung und dem spanischen Staat und der Zentralregierung ausgetragen. Während die baskische Regionalregierung mal für komplette Unabhängigkeit, mal für einen locker an Spanien gebundenen Freistaat optiert, hält die spanische Zentralregierung an der Verfassung von 1978 und an dem spanischen Autonomiemodell mit einem begrenztem Kompetenzausbau fest. Darüber hinaus findet der Konflikt auch innerhalb des Baskenlandes statt: zwischen den Gegnern, den so

6 PP= Partido Popular.

7 PSOE= Partido Socialista Obrero Español.

genannten Españolisten, und Befürwortern einer Unabhängigkeit oder ähnlicher Projekte (Ibarretxe-Plan[8]) aus dem baskisch-nationalistischen Umfeld.

2) Eine weitere Konfliktlinie verläuft durch das baskisch-nationalistische Lager und bezeichnet die mangelnde Einigkeit im baskischen Lager zwischen moderatem, Gewalt ablehnendem und radikalem baskischen Nationalismus. Mittlerweile lässt sich weitgehende Übereinstimmung hinsichtlich des zentralen Ziels der Unabhängigkeit feststellen; Uneinigkeit herrscht hauptsächlich noch hinsichtlich der Rechtfertigung der Gewaltanwendung zur Erreichung dieses Ziels.
3) Etwas unterhalb der Oberfläche liegt der Konflikt über die nationale Identität und genauer die Definition des Baskentums. Die baskische ist eine ausgeprägt heterogene Gesellschaft, in der so genannte duale und verschachtelte Identitäten dominieren neben der rein baskischen bzw. spanischen Identität. Gemäß repräsentativer Umfragen des CIS von 2005 gaben 35% der in der autonomen Region Lebenden an, sich ebenso baskisch wie spanisch zu fühlen, 50% fühlten sich mehr baskisch als spanisch oder nur baskisch, der Rest sah sich als mehr spanisch als baskisch oder nur spanisch. Das hieraus abzuleitende Problem ist die fehlende klare Zuordnenbarkeit der das Baskenland bewohnenden Menschen. Daraus folgen schwer zu lösende Fragen auch hinsichtlich einer möglichen Konfliktregulierung: Was oder wer ist das baskische Volk? Was oder wer kann sich anmaßen, im Namen des baskischen Volkes zu sprechen? Damit erscheint bereits eine Definition des zentralen Subjekts des Konfliktes unmöglich.

Umgang der zentralen politischen Akteure mit dem Konflikt

a) Die spanische Zentralregierung, bis 2004 PP- und mittlerweile PSOE-geführt, nimmt den Konflikt als rein kriminelles Problem wahr und legte und legt dementsprechend den Schwerpunkt bei der Bearbeitung des Konflikts stets auf die sicherheitspolitische und rechtsstaatliche Verfolgung. Diese richtet sich vornehmlich gegen die ETA, mittlerweile ausgeweitet auf zivilgesellschaftliche Gruppierungen, denen eine gewisse Nähe zur Organisation nachgesagt wird. Das Paket an sicherheitspolitischen Maßnahmen hat Vorbehalte

8 Mit dem Plan Ibarretxe ist der Lösungsvorschlag des baskischen PNV-Regierungschef Ibarretxe gemeint, der nach der Befriedung des Baskenlandes eine Art konföderale Anbindung des Baskenlandes an Spanien vorsieht.

gegenüber der spanischen Regierung und »den Spaniern« noch geschürt und wird einen künftigen Friedensprozess erschweren. Beispielhaft dafür steht die Illegalisierung des angeblichen politischen Sprachrohrs der ETA, Herri Batasuna, mit etwa 10–15% Wähleranteil im Baskenland sowie sämtlicher bisheriger Nachfolgeparteien. Von der Illegalisierungswelle waren auch zivilgesellschaftliche Vereinigungen und Zeitungen betroffen, was besonders heftige Proteste im Baskenland selbst von solchen hervorgerufen hat, die sich der »patriotischen Linken« gar nicht verbunden fühlten. Auch die so genannte Zerstreuungspolitik, also die übliche Unterbringung von ETA-Häftlingen in bis zu Hunderten von Kilometern von ihrem Heimatort entfernten Gefängnissen wird als zusätzliche Bestrafung für Freunde und Familie angesehen. Generell, das Ausbleiben vertrauensbildender Maßnahmen wie bspw. die Fortsetzung von Verhaftungen auch während von der ETA ausgesprochenen Waffenstillständen oder ersten Verhandlungen trugen in der Vergangenheit zu erneuten Eskalationen bei. In Spanien wird zudem von unabhängigen Instanzen wie der UN oder Amnesty International regelmäßig angeprangert, dass Foltervorwürfen gar nicht oder nur unzureichend nachgegangen wird.

Festzuhalten bleibt, dass es mittlerweile in der Konfliktforschung und oftmals auch in der Praxis als erwiesen gilt, dass die Einbindung der politischen Vertretung bewaffneter Organisationen essentiell für einen Erfolg versprechenden Friedensprozess ist; mit der Illegalisierung vor allem Batasunas scheint Spanien also einen zusätzlichen Stolperstein auf dem Weg zu nachhaltigem Frieden im Baskenland gelegt zu haben.

b) Die Positionierung der Parteien im Baskenland zeichnet sich generell durch ein ambivalentes und auf die Wahlen ausgerichtetes Verhalten aus. Beispielhaft steht dafür der PNV, der als ständige Regierungspartei in der baskischen autonomen Region seit Übergang zur Demokratie Ende der 1970er Jahre ein Potenzial zur Vermittlerpartei innehatte. Je nach adressierter Zielgruppe und tagesaktueller politischer Situation verstrickt sie sich jedoch in widersprüchliche Aussagen, insbesondere was die zentralen Fragen des Konflikts betrifft. Mal fordert der PNV ein unabhängiges Baskenland, mal den Status eines Freistaats frei nach dem Vorbild Puerto Ricos und dessen Stellung gegenüber den USA. Auch die Beziehung zur Zentralregierung unterliegt einem ständigen Wandel und wechselt so von einem Kooperationsverhältnis wie zu Zeiten der *Transición* hin zur offenen Frontstellung wie bspw. mit der Drohung, zuletzt ein Unabhängigskeitsreferendum auch ohne dessen Zustimmung durchzuführen. Der PNV zeigt den Wunsch, möglichst kompatibel mit sämtlichen Lagern zu erscheinen, und das ist im Baskenland kein Einzelfall. Sämtliche

Parteien sind von Verlustängsten bestimmt, die auch im Zusammenhang mit den Friedensentwicklungen in Nordirland stehen, die vom Baskenland besonders genau beobachtet wurden. Seit dem Zustandekommen des Karfreitagsabkommen 1998 und dem darauf folgenden politischen Abstieg der daran beteiligten Mehrheitsparteien wurde auch bei den baskischen Parteien der Eindruck gestärkt, als Vermittlerpartei in einem Friedensprozess im Anschluss mit dem eigenen Machtverlust bezahlen zu müssen.

Auch wenn in Umfragen der Konflikt längst nicht mehr die größte Sorge der baskischen Bürger darstellt und die ersten Plätze in der Skala der Alltagssorgen die schwierige Arbeitsmarkt- oder Immobiliensituation eingenommen haben, ist und bleibt die Haltung zum Konflikt und zu verschiedenen Lösungsvorschlägen Wahlkampf dominierend und so auch in gewissem Maße weiterhin Wahl entscheidend. Hierbei scheinen sich immer öfter extreme Positionen auszuzahlen, Verlierer dieser Entwicklung ist bezeichnenderweise die einzige Mittlerpartei Vereinigte Linke (IU[9]). Frieden rechnet sich offenbar nicht.

c) Ein weiteres Hindernis ist die interne Gespaltenheit des radikalen Nationalismus bzw. der »patriotischen Linke« insgesamt. Der fortwährende Konflikt zwischen militaristischem und politischem Flügel innerhalb der ETA und deren Umfeld für und wider die Fortsetzung des bewaffneten Kampfes sowie die Zurückhaltung der Militaristen, der Batasuna eine wahre Protagonistenrolle in möglichen Verhandlungen zuzugestehen, verhindern bisher die Entwicklung eines gemeinsamen politischen Projektes, das auch in Verhandlungen kompromissfähig wäre. Die Illegalisierung Batasunas aus Initiative der Zentralregierung spielt den Militaristen in der ETA in dieser Hinsicht in die Hände und erschwert zusätzlich eine gewichtigere Rolle der politischen Vertretung des radikalen baskischen Nationalismus im Hinblick auf künftige Friedensbemühungen. Offensichtlich hat der militärische Flügel kein wirkliches Interesse am Frieden im Baskenland. Sollte es zu einer Einigung mit der Zentralregierung kommen, würde die ETA ihre Existenzberechtigung verlieren.

9 Izquierda Unida, spanienweite Partei, die im Baskenland als Ezker Batua (EB) antritt.

Entwicklung von friedenspolitischen Initiativen innerhalb der baskischen Gesellschaft

Anders als die parteipolitischen Akteure, die den Konflikt zunehmend für ihre eigene Interessen instrumentalisiert haben, gab es und gibt es im Baskenland immer wieder zivilgesellschaftliche Friedensinitiativen, die seit Ende der 80er Jahre die baskische Gesellschaft mobilisiert haben, um den lange ersehnten Frieden herbeizuführen. Auf die Entwicklung dieser Intiativen wollen wir an Hand der wichtigsten Beispiele im Folgenden näher eingehen.

Historischer Hintergrund

Das Entstehen der friedenspolitischen Diskussion im Baskenland lässt sich auf die 1980er Jahre zurückführen, einer Zeit in der es in ganz Spanien eine starke gesellschaftliche Mobilisierung über das Parteienspektrum hinaus gab. Diese so genannten Sozialen Bewegungen waren im Baskenland besonders stark und aktiv in Themenbereichen wie Umwelt, Frauenemanzipation und internationaler Solidarität. Aber auch im Bereich des Antimilitarismus gab es zahlreiche Gruppen und Bewegungen, die z.B. die NATO-Mitgliedschaft Spaniens ablehnten. Ein Referendum, was diese Frage betrifft, wurde von der Regierung und den Befürwortern im März 1986 nur knapp gewonnen.[10] Darüber hinaus gab es eine zunehmend stärker werdende antimilitaristische Kriegsdienstverweigerungsbewegung, die über eine gut organisierte zivile Ungehorsamskampagne in der zweiten Hälfte jenes Jahrzehnts zu einer der stärksten politischen Bewegungen in ganz Spanien heranwuchs. Sie setzte sich nicht nur für die Abschaffung des Kriegsdienstes ein, sondern plädierte für eine allgemeine Entmilitarisierung der Gesellschaft. In Bezug auf das Baskenland war es sicherlich dem konsequent gewaltfreien Charakter des MOC[11] und ihrer basisdemokratischen Organisationsstruktur zu verdanken, dass sie es als womöglich einzige Bewegung schaffte, in einer ansonsten so stark polarisierten Gesellschaft parteipolitisch unabhängig zu bleiben. Die zunehmende Unterstützung quer durch alle Bevölkerungsschichten, die diese Bewegung erfuhr, als auch die zum Teil spektakulären gewaltfreien Aktionen mit denen sie agierte, trugen mit dazu bei, den politischen und mo-

10 Im Baskenland sprach sich eine Mehrheit gegen den Verbleib in der NATO aus.

11 MOC = Movimiento de Objeción de Conciencia.

ralischen Druck auf den bewaffneten Kampf der ETA zu erhöhen. Außerdem schlossen sich immer mehr junge Leute auch aus dem linksnationalistischen Herri Batasuna-Spektrum der zivilen Ungehorsamskampagne an. Die politische Antwort von Herri Batasuna, die bis dahin den Kriegsdienst in der Armee nie in Frage gestellt hatte, war die Botschaft des zivilen Ungehorsams auf das »faschistische spanische Militär« zu beschränken, um damit die unruhig gewordenen Mitglieder oder Sympathisanten in die eigene Nachwuchsorganisation wieder einzubinden und der Radikalität des Diskurses der antimilitaristischen Bewegung in Bezug auf Gewaltfreitheit und Entmilitarisierung der Gesellschaft auszuweichen.

Dies war auch der historisch-politische Hintergrund für das Entstehen von anderen zivilgesellschaftlichen Initiativen, von denen wir hier nur einige der wichtigsten aufführen wollen, wie z. Bsp. die Koordinationsgruppe Gesto por la Paz[12], die seit 1986 als Gruppen bzw. Einzelpersonen an verschiedenen Orten nach einem Attentat, zu 15-minütigen Schweigeaktionen aufrufen und das auch noch heute tun, allerdings mit einem weit geringeren Mobilisierungsgrad.

Gesto por la Paz verstand sich als eine zivilgesellschaftliche Reaktion auf ETA und ihre politische Position war und ist: Das Problem ist der bewaffnete Kampf der ETA, der Menschenleben kostet, Gewalt und politischer Konflikt müssen getrennt werden, die staatliche Terrorismusbekämpfung muss unter Achtung der Legalität und der Menschenrechte stattfinden. Hierbei ist zu erwähnen, dass Ende der 80ziger Jahre, von spanischen Regierungsinstitutionen organisierte Todesschwadronen mehrere tödliche Attentate auf vermeintliche ETA-Mitglieder oder Sympathisanten verübten.[13]

Obwohl sie als parteiunabhängige Organisation auftrat, wurde Gesto por la Paz doch recht schnell in Zusammenhang mit den etablierten Parteien des Ajuria Enea[14] Paktes gebracht, der eine Isolationsstrategie der ETA und deren politischen Umfeldes, also der Herri Batasuna, verfolgte. Die Unterstützung, die sie sowohl politisch als auch medial von den etablierten Parteien erhielt, als auch ihre eher einseitige Mobilisierung nach ETA-Attentaten, begrenzten den Wirkungsgrad auf die öffentliche Meinung und machten es den Gegnern leicht, ihr parteipolitische Interessen vorzuwerfen. Trotzdem ist es Gesto por la Paz und

12 Auf Deutsch »Friedensgeste«.

13 Die Attentate der sogenannten GAL (Grupos Antiterroristas de Liberación) verursachten in der Zeit von 1983–1989 30 Todesopfer, rund ein Drittel davon hatte keinerlei Beziehung zu ETA.

14 Sitz der baskischen Autonomieregierung.

deren Unterstützerkreises über die Jahre gelungen eine Opferdiskussion in der baskischen Gesellschaft zu entfachen und damit die Unmenschlichkeit des bewaffneten Kampfes öffentlich anzuprangern.

Eine andere wichtige friedenspolitische Bewegung, die vor diesem Hintergrund entstand, war Elkarri.[15] 1992 entstanden, plädierte Elkarri vor allem für eine Verhandlungslösung des Konfliktes ohne Vorbedingungen unter Beteiligung sämtlicher Akteure. Trotz wiederholter Versuche, Friedenskonferenzen unter Beteiligung aller Parteien durchzuführen, scheiterte dieses Vorhaben vor allem an der spanischen konservativen Partei PP, die sich konsequent weigerte, sich mit dem linksnationalistischen Lager an einen Tisch zu setzen. Hierbei muss gesagt werden, dass Elkarri vor allem zu Anfang dem linksnationalistischen Spektrum nahestehend verortet wurde. Darüber hinaus wurde Elkarri sogar als Teil einer politischen Strategie betrachtet, die die linksnationalistische Herri Batasuna aus deren politischer Isolation herausführen sollte. Elkarri, die sich verstärkt um internationale Unterstützung zur Lösung des Konfliktes bemühte, und dabei vor allem die Entwicklung des nordirischen Friedensprozesses genau studierte, versuchte auch über lokale Diskussionsgruppen den Raum für Dialog zu öffnen und damit die Unterstützung von Verhandlungen auf eine breitere soziale Basis zu stellen, was aber nur teilweise gelang. Im März 2006 löste sich Elkarri in ihrer VII. Vollversammlung auf und wurde gleichzeitig unter anderer Führung und unter dem Namen Lokarri[16] neu gegründet. Lokarri wird allerdings aufgrund ihrer politischen Nähe zur baskischen Regierungsposition heute faktisch als deren friedenspolitisches Sprachrohr wahrgenommen.

In jüngerer Zeit haben auch andere, relativ kurzlebige Initiativen versucht, Bewegung in die politisch festgefahrene und von wahltaktischen Überlegungen bestimmte parteipolitische Landschaft zu bringen. Eine davon war eine gänzlich von Frauen getragene Plattform mit dem Namen Ahotsak,[17] die im Frühjahr 2006 mit Vertreterinnen aus sämtlichen Parteien außer der spanischen Rechten PP, UPN (Navarra) und der französischen Rechten öffentlich das Wort ergriff. Es handelte sich also um eine grenzüberschreitende Initiative mit politischen Vertreterinnen aus ganz Euskal Herria. Ihre Prinzipien waren Dialog, Gewaltfreiheit und die Verwirklichung eines gemeinsamen politischen Projektes innerhalb eines demokratischen Rahmens.

15 Auf Deutsch »gegenseitig«.
16 Auf Deutsch »Bindung(sglied)«
17 Auf Deutsch »Stimmen«.

Die Initiative scheiterte noch im selben Jahr unter anderem an der Formulierung eines gemeinsamen Verurteilungsschreibens nach einem ETA-Attentat, aber auch an der mangelnden Unterstützung aus den eigenen Parteiführungen.

Fast zur selben Zeit entstand eine Bürgerbewegung namens Milaka Bilaka (Tausende Suchende), die folgende Hauptforderungen aufstellte: Die Anerkennung von Euskal Herria, die Anerkennung aller Rechte aller Bürger Euskal Herrias, die Anerkennung des Selbstbestimmungsrechts der Bürger Euskal Herrias. Aber auch diese Initiative hatte nur kurzfristig Bestand und wurde praktisch von Anfang an dem linksnationalistischen Spektrum zugeordnet, und damit war ihr Potenzial, eine breit gefächerte Unterstützung in der Bevölkerung zu bekommen, sehr begrenzt. Letztendlich gab dies den Ausschlag dafür, die Initiative nach relativ kurzer Zeit de facto wieder zu beenden.

Der Hauptgrund aus friedenspolitischer Sicht, warum die verschiedenen Versuche gesellschaftlicher Mobilisierung zur Überwindung des bewaffneten Konfliktes relativ schnell dem einen oder anderen Lager zugeordnet wurden und damit ihre Aussichten eine mehrheitliche Bewegung über ihr »eigenes« Lager hinaus zu erlangen, untergraben wurden, ist sicherlich der hohen und meist von den Medien forcierten Polarisierung der Gesellschaft zuzuschreiben. Die Charakterisierung der Lager in Bezug auf den Konflikt kann verkürzt folgendermassen dargestellt werden:

- Wir leben in einer demokratischen Gesellschaft und daher ist die Gewaltanwendung für politische Ziele gleichzustellen mit kriminellem Vorgehen. Veränderungen sind nur innerhalb der Verfasssung möglich. (was einer spanisch-nationalistischen Sichtweise entspricht);
- Es handelt sich um einen ungelösten politischen Konflikt und die Gewalt ist Konsequenz und Ausdruck dieses Konfliktes. Es findet nach wie vor eine kulturelle und politische Unterdrückung statt. Der politische Konflikt muss angegangen werden um die Gewalt dauerhaft zu überwinden. (identisch mit einer baskisch-nationalistischen Sichtweise).

Diese Schablonen werden auf jede neue außerparteiliche Initiative und deren Forderungskatalog angewandt, bzw. es reicht aus, wenn einige öffentliche Personen, die einem bestimmten politischen Lager zugeordnet werden, ihre Unterstützung ankündigen, um diese Initiative entsprechend einzuordnen und dem einen oder anderen politischen Lager zuzuschreiben, was hauptsächlich über die Medien geschieht.

Dies ist sicherlich eines der größten Hindernisse für eine künftige Bürgerbewegung, denn dieser Mechanismus verhindert bereits im Kern eine brückenschlagende Massenbewegung und dadurch auch den politischen Druck, der potenziell von dieser ausgehen könnte.

Was wurde bisher erreicht?

Man muss den bisherigen Initiativen zu Gute halten, dass sie trotz ihres relativen Scheiterns, eine nicht zu übersehende politische Wirkung in der baskischen Gesellschaft hinterlassen haben, und so kann man heute im Vergleich zu früher in breiteren Teilen der Bevölkerung Übereinstimmung in Bezug auf folgende Punkte feststellen:

1) Ablehnung von Gewalt zur Durchsetzung politischer Ziele.
2) Es handelt sich um einen politischen Konflikt, und einer der zentralen Punkte ist die Anerkennung des Selbstbestimmungrechts der im Baskenland lebenden Bevölkerung.
3) Alle Seiten sollten für eine dauerhafte Lösung einbezogen werden.
4) Es bedarf einer gesellschaftlichen Mobilisierung, um einen Verhandlungsprozess herbeizuführen, denn von den Parteien ist man bisher wegen ihrer wahltaktischen Instrumentalisierung des Konfliktes enttäuscht worden.

Darüberhinaus ist zu betonen, dass es wahrscheinlich keine andere Region in Europa gibt, wo so häufig über Frieden geredet und debattiert wird wie im Baskenland und wo der Begriff Frieden, für eine relativ breite Öffentlichkeit, für soziale Gerechtigkeit und Einhaltung der Menschrechte steht, was von einem tiefen Friedensverständnis zeugt.

Zukunftsszenarien

Was nun mögliche Zukunftsszenarien für eine Konfliktbewältigung angeht, so ist es zwar sehr unwahrscheinlich, aber auch nicht ganz unmöglich, dass die derzeitigen Haupakteure wie der spanische Ministerpräsident Zapatero (PSOE), PNV-Regierungschef der CAV[18] Ibarretxe und Izquierda Abertzale-Sprecher

18 CAV = Comunidad Autónoma Vasca= autonome baskische Gemeinschaft.

Otegi als Friendensstifter in die Geschichte eingehen wollen und es wider Erwarten schaffen, partei- und wahltaktisches Verhalten beiseite zu legen, um einen Friedensprozess in Gang zu bringen, was zwangsläufig an zwei Bedingungen geknüpft sein wird: Gewaltverzicht seitens der ETA und konkrete Schritte auf spanischer Regierungsseite, eine politische Lösung für die ETA-Gefangenen anzubahnen. Der damit eingeleitete Friedensprozess könnte in relativ kurzer Zeit eine Neuformierung der Parteienlandschaft mit sich bringen und damit könnten sich wiederum weitere Verhandlungstüren öffnen, um eine Konfliktlösung auf politischer Ebene herbeizuführen.

Um dies zu erreichen, wäre sicherlich Unterstützung eines solchen Verhandlungsprozesses von innen und außen nötig. Wer aber in Europa könnte oder wollte in diesem Moment eine solche Rolle übernehmen? Hierbei könnte man sich fragen: Wäre es nicht an einem europäischen Schwergewicht wie z.B. Deutschland, in dieser Frage zu vermitteln und damit eine friedensstiftende Rolle einzunehmen, anstatt sich an Interventionskriegen zu beteiligen? Obwohl dies sehr unwahrscheinlich ist, sollte man die Hoffnung nicht aufgeben bzw. etwas dafür tun. Man könnte es sogar als eine historische Verpflichtung der Deutschen ansehen, besonders wenn man an die entscheidende Einmischung unter dem Naziregime in den Spanischen Bürgerkrieg zurückdenkt. Als trauriges Beispiel sei hier die Bombardierung Gernikas erwähnt.

Was aber die aktive Unterstützung eines neuerlichen Friedensprozesses durch die Bevölkerung betrifft, so ist diese Frage nicht ganz eindeutig zu beantworten, vor allem wenn man die jüngsten gesellschaftlichen Entwicklungen mit in Betracht zieht. Zur Veranschaulichung kann man einen großen Sektor der baskischen Gesellschaft in zwei Lager teilen, obwohl diese natürlich nicht so klar voneinander zu unterscheiden sind. Wir sprechen hier von den Leuten, die sich im derzeitigen politischen Parteienspektrum nicht oder nur bedingt beheimatet fühlen, bzw. das Interesse an Politik schon ganz verloren haben.

Es gibt also auf der einen Seite eine gewisse Anzahl von (noch) an Politik interessierten Leuten, die von einer politischen Zukunft des Baskenlandes träumen, die nicht unwillkürlich in einem neuen Nationalstaat enden muss. Diese streben ein anderes Gesellschaftsmodell für Euskal Herria an, mit einem anderen ökonomischen und sozialen Modell, das den Menschen und seine kulturelle Entwicklung in den Vordergrund stellt. Dabei stellen sich aber nach wie vor ungelöste Fragen, besonders in Bezug auf die Schlüsselfragen zur Identität, Territorium und Souveränität, aber auch die grundsätzlichen Frage, ob es heute überhaupt noch Sinn macht einen Nationalstaat anzustreben; in einer Zeit, in der unter dem Druck des wirtschaftlichen Neoliberalismus die Nationalstaaten immer mehr Kompetenzen an außer- oder überstaatliche Institutionen abgeben und wo für globale Konflikte, wie Klimawandel, Migration und begrenzte Energie- und Rohstoffresourcen die Kompetenzen eines Nationalstaates nicht mehr ausreichen, stehen sie vor neuen Herausforderungen. Das sind unbequeme und komplexe Fragen für einen zukünftigen Gesellschaftsentwurf, den es zu entwickeln gilt und der sicherlich über die Grenzen eines zukünftigen Baskenlandes hinausgehen muss, um realisierbar zu sein, denn eine Art Inselcharakter eines solchen Landes ist heute wohl kaum mehr vorstellbar.

Dieses politisch interessierte Spektrum wäre aber zur Unterstützung eines beginnenden Friedensprozesses sicherlich auch heute noch mobilisierbar, jedoch handelt es sich dabei um eine zahlenmässig eher kleiner werdende Minderheit.

Zuwachs erhält dagegen der andere Teil der Bevölkerung, den man als die »Lass mich in Frieden-Gesellschaft« bezeichnen könnte, und die Ausdruck für eine immer grösser werdende politischen Apathie einer enttäuschten und resignierten Gesellschaft ist. Begleitet wird diese Entwicklung von einem fortschreitenden Prekarisierungsprozess der Gesellschaft insgesamt auf einer ökonomischen, sozialen und psychischen Ebene. Dies drückt sich unter anderem darin aus, dass es immer mehr Menschen gibt, die gestresst durch den von Arbeit und Konsum bestimmten Alltag hetzen und die im Zuge der zunehmenden Individualisierung nur noch mit sich selbst beschäftgt sind und mit Politik nichts mehr zu tun haben wollen. Von ihnen ist wohl kaum noch eine Mobilisierung für einen Friedensprozess zu erhoffen, im Gegenteil, je höher der Prekarisierungsgrad der Gesellschaft, desto größer ist ihre Anfälligkeit für Manipulation, und dies könnte mittelfristig das Gewaltpotenzial des Konfliktes durch das Angebot von xenophoben Feindbildern wieder erhöhen. Dass mit einer solchen gesellschaftlichen Entwicklung, die nicht nur im Baskenland zu beobachten ist, einer weiteren Instrumentalisierung des Konfliktes durch die politischen Akteure und damit auch einer Chronifizierung bzw. einer neuerlichen Eskalation Tür und Tor geöffnet ist, ist leicht nachvollziehbar.

All dies bringt uns zu dem Schluss, dass es leider keinen Anlass zu viel Optimismus bezüglich einer zukünftigen gesellschaftlichen Mobilisierung gibt, die einen Friedensprozess entfachen bzw. in Gang halten könnte. Die Angst der Parteien vor Machtverlust, das Fehlen eines konsensfähigen politischen Projektes und eine zunehmende politische Entmobilisierung der Gesellschaft sowie das Ausbleiben von internationalem Druck, lassen eher darauf schließen, dass der Konflikt in seiner jetzigen Form oder ähnlich, und zum Leid aller Betroffenen, sicherlich noch mehrere Jahre andauern wird. Voraussichtlich werden wir also noch einige Jahre warten, oder aus der Sicht des militanten Pazifisten besser gesagt, kämpfen müssen, bevor wir den Beweis, den Erich Maria Remarque forderte, in Bezug auf den Baskenlandkonflikt antreten können: »Man sollte beweisen, dass in einer Zeit, wo ein Flugzeug in wenigen Stunden alle europäischen Grenzen überqueren kann, kein Konflikt zwischen europäischen Nationen so unlösbar sein kann, dass er einen Krieg mit seinen Schrecken rechtfertigt.«[19]

Natürlich sind wir uns dabei bewusst, dass Remarque von einer anderen kriegerischen Dimension sprach, aber wir sind uns sicher, dass er als militanter Pazifist gegen die Verwendung des Zitats, mit der entsprechenden gedanklichen Anpassung auf den Kontext, die wir dem Leser überlassen, nichts einzuwenden gehabt hätte.

Zuletzt sei noch erwähnt, dass unser Beitrag eine manchmal allzu verkürzte Darstellung des Konfliktes und dessen Entwicklung in den letzten Jahrzehnten darstellt und daher gilt unsere Aufforderung an alle Interessierten, die sich näher mit dem Baskenlandkonflikt beschäftigen wollen, unseren Beitrag als Anstoß für weitere, umfangreichere Recherchen zu verstehen.[20]

19 Erich Maria Remarque. *Praktische Erziehungsarbeit in Deutschland nach dem Krieg*, 1944.

20 Um nur einige bibliographische Quellen zu nennen:
Josef Lang. *Das baskische Labyrinth. Die nationale und soziale Bewegung im spanischen Baskenland unter dem Franquismus (1937 – 1977)*. Frankfurt am Main: ISP, 1983.
Diego Muro. *Ethnicity and Violence. The case of the radical Basque nationalism*. New York: Routledge, 2008.
Ludger Mees. *Nationalism, Violence and Democracy. The Basque Clash of Identities*. Hampshire/NY: Palgrave Macmillan, 2003.
Michael Kasper. *Baskische Geschichte in Grundzügen*. Darmstadt: Wissenschaftliche Buchgesellschaft, 1997.
Antonio Elorza, José Maria Garmendia et al. *La historia de ETA*. Madrid: Temas de Hoy, 2000.
Ulrich Schneckener. *Auswege aus dem Bürgerkrieg. Modelle zur Regulierung ethno-nationalistischer Konflikte in Europa*. Frankfurt a. M.: Suhrkamp, 2002.
Peter Waldmann. *Ethnischer Radikalismus. Ursachen und Folgen gewaltsamer Minderheitenkonflikte am Beispiel des Baskenlandes, Nordirlands und Quebecs*. Opladen: Westdeutscher Verlag, 1989.

Siegfried Hummel

Frieden schafft, wer republikanische Öffentlichkeit herstellt

Frieden, Freiheit und die Doppelmoral des Westens

Gustav Heinemann war von 1969–1974 Bundespräsident. Damals wurden wir von den Gräueln des deutschen Herbstes heimgesucht und die dramatischen Auseinandersetzungen um den NATO-Doppelbeschluss erschütterten die Bundesrepublik. Heinemann meinte, die Krisen seien Symptome für den Mangel an republikanischer Öffentlichkeit. Den Frieden könnten wir gewinnen, wenn wir Selbstkritik übten, statt selbstgerecht blieben.[1] Gewaltbereite Sympathisanten der RAF und hasserfüllte Gegner der Studentenunruhen konnte er nicht erreichen. Die intellektuellen Protagonisten der Antiraketenbewegung jedoch verstanden ihn, denn Heinemann artikulierte, was die beiden friedenspolitischen Denkschulen der europäischen Geistesgeschichte seit der Aufklärung postuliert hatten:

Die eine wurde von Rousseau begründet, von Hegel und Marx tradiert, von Habermas in den 70er Jahren aktualisiert und auch »heute ist eine gewisse Wiederkehr von Rousseau bei zeitgenössischen Autoren wie Ulrich Beck [...] unverkennbar«. (Dahrendorf 2003, 136) Die Vision dieser Denkschule ist dermaleinst eine Gesellschaft von Kosmopoliten.

Die andere friedenspolitische Denkschule wurde von Immanuel Kant begründet, von Karl Popper und Ernst Cassirer tradiert und in den 70iger Jahren vom Jungstar der Liberalen, Ralf Dahrendorf politisch erfahrbar gemacht. Auch sie ist aktuell geblieben, zumal Seine Lordschaft, der nunmehr alte Dahrendorf, sie immer noch leidenschaftlich und wirkungsvoll vertritt

1 TV-Rede nach dem Attentat auf Rudi Dutschke.

Ihr zufolge ist nicht das Arkadien Rousseaus, sondern die Freiheit das höchste Ziel aktiven Lebens: »Was wir Menschen können, müssen wir auch wollen und zu tun versuchen. Die Idylle vollkommener Eintracht [...] ist das Ende der Freiheit [...]«. (ebd., 134 ff.).

Die ungeteilte Freiheit hat die »allgemein das Recht verwaltende bürgerliche Gesellschaft« zur Folge. Diese stellt republikanische Öffentlichkeit her, die dann dermaleinst den »ewigen Frieden« zustande bringt, ohne dass der Quell allen Fortschritts, die »ungesellige Geselligkeit« des Menschen, versiegt. (ebd., 136, 137)

Als der amerikanische Historiker Doyle 1986 seine Untersuchung *Liberalism and World Politics* veröffentlichte, schien die Hypothese »Frieden schafft, wer republikanische Öffentlichkeit herstellt« endgültig verifiziert worden zu sein: Doyle hatte alle kriegerischen Konflikte auf die Beteiligungen von Demokratien überprüft und das erstaunliche Phänomen aufgedeckt, dass zwischen demokratischen Staaten seit 1800 keine Kriege stattgefunden haben. (Doyle1986, 1151–1163)

Flugs vergaßen wir die Doktrin der Jeanne Kirkpatrick. – Die amerikanische UN-Botschafterin hatte noch 1979 in ihrem Artikel *Diktaturen und Doppelmoral* die Auffassung vertreten, die Anstrengungen der amerikanischen Außenpolitik, allen Demokratie bringen zu wollen, seien vergebliche Liebesmüh; es zähle nur, wer für oder gegen Amerika sei.

Die Unterstützung der grausamen Diktatoren in Chile, Argentinien und Nicaragua, des Gaskriegs Saddam Husseins gegen den Iran und des Kriegs der Islamisten gegen die UdSSR in Afghanistan war für uns gestern; Doyle war heute. – Erst als H. P. Huntington Mitte der 90er Jahre (Huntington 1996) darauf aufmerksam machte, dass in den orthodoxen, islamischen und »sinischen« »Kulturkreisen« die Doyle-Doktrin als Anmaßung empfunden und die friedenspolitische Doppelmoral des Westens in Erinnerung bleiben werde, begannen wir allmählich zu begreifen, dass wir unsere »Ideen zu einer republikanischen Moderne in weltbürgerlicher Absicht« (U. Beck in Dahrendorf 2003, 134) nicht exportieren könnten. – Umsomehr sollten sie im Inneren gefestigt werden: Nun entdeckten wir, dass Menschen aus nichtwestlichen Kulturen unter uns »Parallelgesellschaften« gebildet hatten:

Ein deutscher Intellektueller, syrischer Herkunft, praktizierender Muslim, zugleich Schüler Horkheimers und Adornos, stellte die bange und zugleich anklagende Frage: »Europa ohne Identität?« Er verlangte von allen, die in Europa leben wollten, dass sie »säkulare Demokratie, Menschenrechte, Primat der Vernunft gegenüber jeder Religion, Trennung von Religion und Politik« aktiv leben müssten. (Bassam Tibi 1998, 56)

Die Zeit, in der »Alles ist möglich« galt (Feyerabend) und »das Ende der großen Erzählungen« (Lyotard) herbeigekommen schien, die vermeintlich friedliche Welt des »Multikulti«, in der »ausländische Mitbürger« das Grundgesetz aus kulturellen Gründen ignorieren durften, war vorüber (theoretisch).

Nun galt »Interkultur«: Auf der Grundlage der Menschenrechte und unter den weiten Mänteln europäischer Stadtkulturen sollten Menschen aus der ganzen Welt ermutigt und von ihren Städten darin unterstützt werden, die Kulturen, die sie mitgebracht haben, zu entfalten, allen anderen Einwohnern zu vermitteln, damit Jede(r) alle Kulturen als Bereicherung seines/ihres Lebens erleben könnten. – Dieser Prozess des Gebens und Nehmens würde kulturelle Vielfalt garantieren und neuen Gemeinsinn schaffen, wie nirgends sonst auf der Welt,

Diese Selbstvergewisserung war notwendig, denn bereits 1993 hatte die asiatisch-muslimische Mehrheit in der UNO-Menschrechtskommission durchgesetzt, die Deklaration der Menschenrechte vom Dezember 1948 faktisch außer Kraft zu setzen (Huntington 1996, 312ff.) und 2006 bekräftigte dies, einem Paukenschlag gleich, dessen neue muslimische Mehrheit noch einmal. (*Der Spiegel* 2006, 43, 80)

Das bedeutete, dass wir hinfort zwischen der Arbeit für den inneren und für den äußeren Frieden scharf unterscheiden mussten:

Auf dem Weg zum äußeren Frieden würden wir nicht vorankommen, wenn wir von den anderen Kulturkreisen verlangten, republikanische Öffentlichkeit herzustellen. Vielmehr würden wir die Mühen der »Enthaltung« (Nichteinmischung), der »gemeinsamen Verhandlung« und der »Erkundung der Gemeinsamkeiten« auf uns nehmen müssen, denn »falls die Menschen je eine Universalkultur entwickeln, wird sie nach und nach aus der Erkundung und Ausweitung dieser Gemeinsamkeiten hervorgehen« (Huntington 1996, 528).

Davon hätte Kant abgeraten; Frieden mit jemandem vereinbaren zu wollen, der denjenigen, welche ihm anvertraut sind, Freiheit vorenthält, wäre für ihn ein Verstoß gegen den kategorischen Imperativ gewesen.

Rousseau jedoch, hätte es wohl für möglich gehalten, solchermaßen im Eigenen das Fremde und im Fremden das Eigene zu suchen.

Das neue Paradigma vom Kampf der Kulturen besagt, dass die Krisen der zweiten Moderne Risiken sowohl für die Freiheit, als auch für den Frieden erzeugen und allesamt primär kulturelle Ursachen haben.

Die Kulturpolitik ist also aufgerufen, die Krisen unserer Zeit zu analysieren und daraus ihren Handlungsbedarf abzuleiten. Nachdem Kulturpolitik Pilotpolitik der zweiten Moderne geworden ist, wird ein Ressortprogramm nicht ausreichen; vielmehr müssen sich die Kulturpolitiker zusätzlich auch noch in andere Ressortpolitiken einmischen.

Aus Zeitgründen kann ich Ihnen dazu nur einige kurze Andeutungen bieten; ich würde mich deshalb freuen, wenn sie meinen Aufsatz »Kulturpolitik der zweiten Moderne läsen (www.literatur.uni-osnabrueck.de/hummel).

Die Mühen der Kulturpolitik

Analysen

Die Analyse der ökonomischen Krise aus kulturpolitischer Sicht hat erbracht, dass die meisten Arbeitslosen zuerst ihre kulturelle Praxis aufgeben, dann ihre Bereitschaft und schließlich ihre Fähigkeit einbüßen, demokratische Gemeinwesen mitgestalten zu können. (vgl. v.a. Jahoda 1983)

Die Analyse der Segregation hat ergeben, dass viele Modernisierungsgewinner der Globalisierung, Gefahr laufen, politisch »blind« zu werden (vgl Lasch 1998), dann »töricht« zu handeln (vgl. Tuchmann 2006) und schließlich glauben, »ohne Moral« auskommen zu können. (*Stern*, 21.02.2008) Viele pflegen einen »Entre-nous-Gestus«, manche grenzen sogar mit »Ekel vor Herdennähe« die kulturell aktive Mittelschicht aus. (Rehrmann 1992)

Viele Modernisierungsverlierer büßen ihre Identität mit dem Gemeinwesen, von dem sie leben ein. Ihre steuerfinanzierte Freizeit nutzen sie nicht für kulturelle Aktivitäten, sondern für Schwarzarbeit.

Die Mittelschicht ist überall die Hauptträgerin der Demokratie. Diese wurde in Deutschland aber binnen10 Jahren fast halbiert (Bertelsmann-Stiftung 2008 in Wirtschaft–Stern.de vom 04.03.2008).

Wegen der Steuervermeidungsindustrie der Reichen und weil Verlierer steuerpflichtige Arbeit vermeiden, glauben Angehörige der Mittelschichten: »Der Ehrliche ist der Dumme«. (Wickert 1995)

Die Gesellschaft ist nicht nur vertikal, sondern auch horizontal, nach ethnischen, religiösen und kulturellen Orientierungen zerklüftet. Die heutigen Jungen können deshalb kein Wir-Gefühl entwickeln; Generationenwechsel als kulturelle Antriebskraft für neue gesellschaftliche Entwicklungen, wird es also nicht mehr geben, obwohl die alternde Gesellschaft deren dringend bedürfte. (vgl. Hummel 2006)

Die Analyse der ökologischen Krise hat ergeben, dass Kultur Natur retten kann, weil Kultur von Natur lernt. – Heute schon reichten eine Kultur des kleinen Verzichts bzw. die Erfindungen dazu in den OECD-Ländern und in den Schwellenländern aus, um das aktuelle Voraussterben der Arten zu stoppen. – Die Bioniker sagen, dass unsere Kinder und Enkel im Verlauf des 21. Jahrhunderts mit evolutionskonformen Problemlösungen den blauen Planeten retten und unsere Urenkel am Ende des 21. Jahrhunderts sogar damit beginnen könnten, auf der Venus terristrische Lebensverhältniss zu schaffen. (vgl. Blüchel 2005, 230ff.) – Leider müssen wir aber annehmen, dass die Menschen fast alles, was sie könnten, aus kulturellen Gründen (Religion, Tradition) nicht rechtzeitig tun werden. (vgl. Diamond 2005)

Die Analyse der Identitätskrise hat ergeben, dass der kulturell heterogene Nationalstaat bis zur Mitte des 21. Jahrhunderts absterben wird, aber von den zur Zeit entstehenden Regionalstaaten (Katalanien, Baskenland, Schottland) nicht ersetzt werden kann, denn diese stellen Identität nur her, indem sie sagen, wer nicht dazu gehört. (vgl. Dahrendorf 2003, 40) Gemeinsame Identität, aktiver Gemeinsinn der kulturell Verschiedenen sind bislang nur in europäischen Städten und in solchen europäischer Provenienz möglich gewesen.[2]

Nur hier betonten seit eh und je, nur hier beteuern immer noch Zuwanderer nach kurzer Aufenthaltszeit, vorrangig Bürger ihrer Stadt zu sein. Bemerkenswert ist es, dass die Meisten, auch nach jahrzehntelanger praktizierter Stadtbürgerschaft (Vereinsvorsitzende, Stadtrat, Unternehmer), keine Staatsbürger des Landes werden wollen, in dem ihre Stadt liegt. Ihre Identität ist die eines europäischen Stadtbürgers, der zugleich Weltbürger sein möchte.[3]

Die Analyse der Wahrnehmungskrise hat u.a. ergeben, dass die Benachteiligten und wenig Gebildeten in das Schattenreich der bequemen virtuellen Realitäten hinabsteigen um ihrer bedrückenden wirklichen Wirklichkeit zu entfliehen. Dieselbe Personengruppe ist Medienproletariat geworden, der die neue Medienelite gegenübersteht. (vgl. Neverla 1999, 131)

Sie lebt in der »zeitlosen Zeit«; »soziale Arrythmie« beeinträchtigt ihre Orientierung (Castells 2004, I, 485ff.) – Die Befürchtungen, wonach die Verkom-

2 Um 600 v. Chr.: Babylon (Jeremia I) und heute: Toronto (vgl. Schiffauer 2008).

3 Unter den weiten Mänteln heidnisch antiker (Griechenland), polytheistischer (Babylon), christlich-orthodoxer (Byzanz), muslimischer (Cordoba), und römisch-katholischer (Venedig) Stadtkulturen, haben Menschen aller Kulturen und Glaubensrichtungen die gemeinsame Identität, Stadtbürger zu sein, entwickelt. »Suchet der Stadt Bestes«, das Jeremia den Juden im Babylon um 600 v. Chr.empfahl, (Jeremia I) gilt – nach meinen Beobachtungen in Osnabrück und München (22 Jahre) – trotz der verheerenden Wirkungen des Satelliten-Fernsehens in bildungsbenachteiligten Migrantenfamilien – prinzipiell und mehrheitlich immer noch: »Es ist nicht die anonyme, zentralisierte Politik der Nation, sondern der Nahbereich, also die Kommunen und Städte, in der die demokratische Kultur wurzelt«. (Beck 1996) »In vielen Gesellschaften der ganzen Welt, scheint die lokale Demokratie [...] in Blüte zu stehen, wenigstens im Verhältnis zur politischen Demokratie auf nationaler Ebene«. (Castells 2004, II, 372)

merzialisierung und die Boulevardisierung der Kunst, deren Eigenweltlichkeit und damit die Kunstfreiheitsgarantie aushöhlen werde, haben sich dagegen nicht bestätigt.[4]

Die Krise der Eliten ist ein Topos der Zweiten Moderne geworden.

Aus kulturpolitischer Sicht kann dazu beigesteuert werden, dass die Generalisten in Politik und Wirtschaft seit 15 Jahren immer weniger bereit sind, Kultur zu fördern. Das ist fiskalpolitisch absurd und volkswirtschaftlich kontraproduktiv.[5] Symptome dieser Krise sind, dass Stadtoberhäupter glauben, sie seien die besseren Kulturpolitiker (Berlin, Freiburg): Deren Omnipotenzgehabe schüchtert Kulturpolitiker ein und hat zur Folge, dass die Stadträte immer mehr zu kulturpolitischen Abnickgremien werden.

Handlungskonzept

Interventionen

In Deutschland müssen Kulturpolitiker fordern, dass unverzüglich das skandinavische Bildungssystem flächendeckend eingeführt wird. Es verhilft 90% der Bevölkerung zu einer Hochschulzugangsberechtigung; es ist für alles, was die Kulturpolitik der zweiten Moderne bewirken möchte, Grundvoraussetzung und zudem noch deutschen Ursprungs: Die Skandinavier haben den Schulgesetzentwurf Wilhelm v. Humboldts von 1807 umgesetzt. (vgl. Menze, Clemens 1978, 38, in Hummel 2008)

Kulturpolitiker müssen sich in die Arbeitspolitik einmischen und dafür eintreten, dass Arbeitslosigkeit abgeschafft wird, um kulturelle Praxis für alle zu gewährleisten. Dafür ist in den Bereichen Kultur, Umwelt und Soziales unendlich

4 Vgl. W. Welsch, M. Serres und Hermann Glaser u..a. haben diese Sorge artikuliert.

5 Die theatertragenden deutschen Städte haben zu keiner Zeit (durchschnittlich) viel mehr als 5% der kommunalen Gesamthaushalte benötigt, um die bedeutendste kulturelle Infrastruktur der Welt zu schaffen und zu erhalten. Dazu haben die Länder und der Bund stets weit weniger als 1% ihrer Staatshaushalte und die Wirtschaft noch nicht einmal winzige Promille - Anteilchen ihrer Gewinne beigetragen. Marlies Hummel und Mitautoren vom IFO-Institut haben im Auftrag des Bundesinnenministers bereits 1988 fertgestellt, dass öffentliche Kulturausgaben, allein im Umlauf innerhalb der öffentlichen Hände, volkswirtschaftlich gesehen, das 1,4 – 1,8-fache des Inputs generieren. Gerhard Mortier hat 1996 eine Studie zur Wertschöpfung, welche die Ausgaben für die Salzburger Festspiele zur Folge haben, vorgelegt. Ergebnis: Der Input erzeugt sein 4,2faches, wenn seine Wirkungen im öffentlichen Sektor und in der Privatwirtschaft zusammengerechnet werden.

viel Arbeit vorhanden, die nur Menschen verrichten können, aber nicht geleistet wird, weil sie im 1. Arbeitsmarkt unbezahlbar ist. Alle, die staatliche Leistungen erhalten, sollten deshalb zum tariflichen Mindestlohn eine vollwertige Gegenleistung erbringen und ggf. mit einem öffentlich geförderten Aufgeld [»Bürgergeld«] (Beck, Opaschowski, in Hummel 2006) in die Lage versetzt werden, am kulturellen Leben teilnehmen zu können, ohne schwarz arbeiten zu müssen.

Die Kulturpolitiker müssen sich in die Verfassungspolitik einmischen: In allen deutschen Kommunalverfassungen kann sofort das bayerische eigenständige Antragsrecht der Wahlbeamten verankert werden. Das würde dazu führen, dass sich die Kulturdezernenten wieder mehr trauen und die Stadträte wieder mehr Gewicht erlangen, denn sie wählen die kommunalen Ressortchefs.

Auch Interventionen in die europäische Verfassungspolitik sind aus kulturpolitischer Sicht dringlich: Kulturpolitiker müssen sich in der aktuell geführten Debatte im Europaparlament zu Wort melden: Unabhängig von ihrer Weltanschauung, könnten sie aus ihrer gemeinsamen kulturpolitischen Sicht zu der Erkenntnis beitragen, dass die laizistische Formulierung der Präambel des europäischen Verfassungsvertrags unabdingbar ist. Wie anders sollte in einem Europa, in der an jedem Ort kulturelle Vielfalt und Gemeinsinn gewährleistet werden muss, Frieden in Freiheit möglich sein?

Deutsche Kulturpolitiker sollten vorschlagen, den Artikel 28, 2 GG in der europäischen Verfassung zu verankern, weil die Selbstverwaltung der deutschen Kommunen die beste Kulturentwicklung der Welt hervorbrachte.

Angesichts der Tatsache, dass die Mehrheit der europäischen Bevölkerung nach wie vor gegen die Vereinigung Europas ist, müssen Kulturpolitiker deren Sinnhaftigkeit wieder bewusst machen: Die Vereinigten Staaten von Europa müssen in den 30er Jahren dieses Jahrhunderts zustande gebracht worden sein, denn zu diesem Zeitpunkt wird sich das Epizentrum der Welt in den pazifischen Raum verlagert haben. Europa wird sich zwischen den riesigen Machtblöcken, die in Amerka schon bestehen und in Asien z.Zt. entstehen, behaupten müssen, zumal beide in Europa ein manipulierbares Vielstaatenkonglomerat bevorzugen werden; die Europa-Politik der Busch-Administration ist ein Menetekel dafür!

Das wird Europa zu epochalen kulturellen Kraftakten der Selbstbehauptung herausfordern, denn in 25 Jahren wird Europa nur noch auf kulturellem Gebiet Weltgeltung haben können.[6]

6 Wegen des Desinteresses der o.g. Machtblöcke an der europäischen Einigung und angesichts der großen Beiträge Russlands zur europäischen Kultur, wird sich die EU wohl bald daran erinnern müssen, dass Russland ein eurasisches Land ist, in dem von Petersburg bis Wladiwostok europäische Kultur die Deutungsmacht hat.

Kulturpolitiker sollten sich für das Europa der unterschiedlichen Geschwindigkeiten einsetzen, denn die Briten, Iren, die Skandinavier, Tschechen und Polen lassen uns jeden Tag wissen, dass sie Europa nur als Freihandelszone und Subventionsverteilerin schätzen; die heutige EU wird ihr Ziel, in 25 Jahren Kulturmacht zu sein, also verfehlen.

Ein europäischer Bundesstaat aus Deutschland, Frankreich und Spanien und anderen, die dem europäischen Verfassungsentwurf von Giscard ebenfalls zustimmten, in der EU ist heute keine Utopie mehr, zumal Spanien dem ersten Verfassungsentwurf in einer Volksabstimmung zugestimmt hat.

Ressortprogramm »Kultur«

Das 10-Punkteprogramm ist zwischen zwei Polen anzusiedeln: Die Kunst, die uneinschränkbare Freiheit gewährt (Art. 5, 2 GG), einerseits und die Kulturarbeit, die - ohne Vorbedingung - Frieden zwischen den Menschen und Frieden des Menschen mit der Natur schafft, andererseits. (Hauptthemen).

Das operative Zentrum ist der Primat der kommunalen Kulturpolitik. Sie allein hat bislang die Kernkompetenz für die Kulturpolitik der zweiten Moderne, Frieden und Freiheit zu schaffen, indem sie die Vielfalt der Kulturen garantiert und die gemeinsame Identität des Stadtbürgers, der in weltbürgerlicher Absicht zu handeln versteht, herstellt. Das macht staatliche Kulturpolitik nicht überflüssig. Sie darf sich aber nicht verselbständigen sondern hat vorallem der kommunalen Kulturpolitik zu nutzen:

1. Vorrang der Kunst und Künstlerförderung
2. Hauptthemen: Frieden, Dritte Welt, Ökologie
3. Geschichtsarbeit
4. Medienkompetenz
5. Dialog der Kulturen
6. Varianz der kulturellen Verhaltensweisen > Arena, Szene, Privatsphäre
7. Kulturelle Events bestimmen (auch) den Lebensrhythmus.
8. Primat der kommunalen Kulturpolitik
9. Die Verantwortungsgemeinschaft für Kulturfinanzierung (Öffentliche Hände, Privatrechtlich-gemeinnützige Stiftungen etc., Wirtschaft).
10. Kulturentwicklungsplanung in der alternden Gesellschaft.

Literatur

Ulrich Beck. »Werteverfall, ein deutscher Irrtum?«. *Informationsbrief Bayerischer Städtetag*, 1996.

Kurt G. Blüchel. *Bionik*. München 2005.

Manuel Castells. *Das Informationszeitalter*. Opladen 2004.

Ralf Dahrendorf. *Auf der Suche nach einer neuen Ordnung*. 2003.

Jared Diamond. *Kollaps*. Franfurt/Main 2005.

M.W. Doyle. »Liberalism and World Politics«. *Amercan Political Science Review* 80 (1986), 1151–1163.

Paul Feyerabend zit. in Rick Poynor. *Anarchie der Zeichen*. 2003.

Hermann Glaser. »Begrenzte oder entgrenzte Ästhetik?«. *Kulturpolitische Mitteilungen der Kulurpolitischen Gesellschaft*, 58, 01.11.1992, 19.

Marlies Hummel u.a. *Die voilkswirtschaftliche Bedeutung der öffentlichen Kulturförderung*. München 1988.

Siegfried Hummel. »Kulturpolitik für die alternde Gesellschaft«. *Jahrbuch für Kulturpolitik* 2006.

Siegfried Hummel. »Die Zukunft der Kulturpolitik der zweiten Moderne in der alternden Gesellschaft« 2008. www.literatur.uni-osnabrueck.de/hummel.

Samuel P. Huntington. *Der Kampf der Kulturen*. München 1996.

Marie Jahoda. *Wieviel Arbeit braucht der Mensch?* Weinheim 1983.

Christofer Lasch. *Die blinde Elite*. Hamburg 1998.

Jean-Francois Lyotard. *The Postmodern Condition: A Report on Knowledge*. Minneapolis 1993 (dt. *Das postmoderne Wissen, ein Bericht*. Wien 1993).

Clemens Menze. *Zur Geschichte der Einheitsschulidee in Deutschland*. Bonn 1978, v.a. 38.

Norbert Rehrmann. »Kunst und Masse«. *Kulturpolitische Mittteilungen* 56 (1992), 1.

W. Schiffauer. *Parallelgesellschaften. Wieviel Wertekonsens braucht unsere Gesellschaft?* Transcript 2008.

M. Serres. »Postmoderne, Wahrheit, Evidenz« *Le Monde du Education*, Januar. 1997.

Bassam Tibi. *Europa ohne Identität?* München 1998.

Wolfgang Welsch. *Die Aktualität des Ästhetischen*. München 1983.

Ulrich Wickert. *Der Ehrliche ist der Dumme*. München 2005.

Lioba Meyer

Die Friedenspolitik der Stadt Osnabrück: Global denken, lokal handeln – Bürgerengagement und Friedensauftrag

»Man muss den Geist des Krieges in den Köpfen töten«, forderte Henri Barbusse 1916 in seinem Kriegstagebuch *Le feu*, das als Vorläufer des Romans *Im Westen nichts Neues* von Erich Maria Remarque gilt.

Genau hier, bei dem Krieg in den Köpfen, muss kommunale Friedenspolitik ansetzen. Ihre Aufgabe ist, Feindbilder zu verhindern, Wege friedlichen Zusammenlebens und Bewusstsein für die globalen Probleme zu schaffen.

Osnabrück bezeichnet sich seit langem als »Stadt des Westfälischen Friedens«, weil dieser Friede 1648 hier und in Münster ausgehandelt und geschlossen wurde. Heute nennt sich Osnabrück »Friedensstadt«. Ein hoher Anspruch, den ich hier vorstellen und kritisch prüfen möchte.

Osnabrück erhebt den Anspruch, Geschichte mit Gegenwart und Regionales mit Auswirkungen der Weltpolitik zu verbinden. Wer lokal handeln will, muss global denken. Dies jedoch ist ein Entwicklungsprozess, der sich über 60 Jahre entwickelt hat. Er umfasst 3 Zeitebenen:

- An die Vergangenheit erinnern,
- die Gegenwart gestalten durch eine demokratische Kultur für alle
- und ein humanes Zusammenleben für die Zukunft entwerfen und sichern.

1. Städtepartnerschaften, ein friedensstiftendes Modell von unten

Die schwedische Autorin Karin Boye fragte 1940 in ihrem Roman *Kallocain*, was Friede bedeute: »Werden Wege zwischen den Menschen ebenso leicht wachsen wie Wege zwischen Städten und Provinzen?« Und in seinem Roman *Im Westen nichts Neues* lässt Remarque den deutschen Soldaten Paul Bäumer mit dem französischen Soldaten Duval, den er – wie ihm befohlen wurde – als Feind getötet hat, viele Stunden im selben Schützengraben liegen, bis der Deutsche in dem Franzosen nicht mehr den Feind, sondern den ermordeten Mitmenschen erkennt. Bäumer sagt zu dem toten Duval: »Jetzt sehe ich erst, dass du ein Mensch bist wie ich...Vergib mir, Kamerad, wie konntest du mein Feind sein.«

Schon in den 1960er Jahren nahmen die Städte und ihre Bürger da, wo die Regierungen hilflos und ohnmächtig waren, entschlossen den Kampf auf gegen Hass- und Feindbilder, Folge der beiden Weltkriege. Osnabrück schloss Partnerschaften mit Städten in Frankreich, England und Holland. Damit wurden auf der bürgerschaftlichen Ebene bestehende Feindbilder abgebaut, indem die Menschen sich gegenseitig kennen und achten lernten und aus ehemaligen Kriegsgegnern wirkliche Partner wurden.

Es kamen Freundschaften und Partnerschaften hinzu: U.a. in Russland, der ehemaligen DDR, Portugal, und der Türkei. Später allerdings standen dabei vor allem Wirtschaftsinteressen im Vordergrund, z.B. bei Korea und China. Dadurch wurde der ursprüngliche Anspruch verwässert, den Krieg in den Köpfen zu beenden.

2. Der Umgang mit dem Fremden:

2.1 Gastarbeiter

In den 1960er und 1970er Jahren erlebte Osnabrück wie andere Städte die Zuwanderung von sog. Gastarbeitern aus den südeuropäischen Staaten. Diese Immigration setzte einen bis heute fortwährenden strukturellen Wandel in Gang, der die gesamte Bevölkerung erfasste. Später kamen vor allem türkische und kurdische Arbeitnehmer mit ihren Familien. Von Stadt wie Bürgern wurden sehr bald Integrationsstrategien entwickelt, die Konflikte und Ausschreitungen gegen Ausländer verhinderten.

1970 verfasste Osnabrück als erste Stadt in Deutschland einen *Bericht zur Situation der Gastarbeiter*. Er bildete die Grundlage für den Ausländerplan, der die Rahmenbedingungen für die Integration der Arbeitsimmigranten und ihrer Familien festlegte. Diese umfassen bis heute die Bereiche:

- Bildung und Schule (Verein zur Förderung von Migrantenkindern, VPAK, freier Verein, Mischfinanzierung Stadt und Land)
- Kultur (Wochen der Kulturen, Künstleraustausch)

- Partizipation an politischen Entscheidungen (Ausländerbeirat, Migrationsausschuss)
- Identitätsförderung (ausländische Vereine, finanzielle Unterstützung durch die Stadt)

Osnabrück definierte damit Integration als ureigene kommunale Aufgabe mit bürgerschaftlicher Unterstützung – eine Aufgabe, die die meisten deutschen Städte den Wohlfahrtsverbänden überließen. Erklärtes Ziel war, Migration nicht als Belastung sondern als Herausforderung zu sehen, als Teil der eigenen Geschichte. Und die Auseinandersetzung mit fremden Kulturen als Erweiterung des eigenen Erfahrungshorizonts, der damit auch den Blick für globale Entwicklungen öffnete. Wichtig dabei war die enge Zusammenarbeit mit kompetenten Partnern: Mit dem Kinderhilfswerk terre des hommes, das seine Geschäftsstelle in Osnabrück hat, dem Fachbereich Migrationsforschung der Universität und dem von engagierten Bürgern eingerichteten Aktionszentrum 3. Welt. Später entwickelten diese Partner gemeinsam mit dem Büro für Friedenskultur der Stadt ein Konzept der kommunalen Entwicklungszusammenarbeit mit Partnern der 3. Welt, das sich als Aufgabe gestellt hat: »Global denken, lokal handeln«.

Osnabrück initiierte auch den ersten Ausländerbeirat des Landes Niedersachsen, um die Migranten an der politischen Willensbildung zu beteiligen.

2.2 Flüchtlinge und Asylbewerber

Hans Magnus Enzensberger schreibt 1992 in seinem Essay *Die große Wanderung*:

> Immer war ein erheblicher Teil der Menschheit in Bewegung, auf der Wanderung oder auf der Flucht […]. Im Mythos von Kain und Abel wird der Konflikt zwischen wandernden und sesshaften Stämmen fassbar: »Abel war ein Schäfer, Kain aber wurde ein Ackermann«. Dieser territoriale Konflikt endet mit einem Mord. (10f.)

Der Beginn der 90iger Jahre war vor allem geprägt durch die großen Flüchtlingsströme, die Europa nachhaltig veränderten. So auch Osnabrück. Es waren vor allem bürgerschaftliche Initiativen in Osnabrück, die schnell eine Kultur des Hinsehens entwickelten und sich gegen Rassismus und Diskriminierung wandten: der Verein »Exil«, die »Aktion Courage«, Telefonketten zum Schutz bei Abschiebungen, und ein »Runder Tisch Flüchtlinge« mit Vertretern von Initiativen, Stadtverwaltung, Polizei und Kirchen.

Aber auch der Rat der Stadt fand klare Worte, so in der *Osnabrücker Erklärung gegen Fremdenfeindlichkeit und Rassismus*, in der es heißt: »Ausländische Bürgerinnen und Bürger sind Mitglieder unserer Gesellschaft und gehören zum Leben in unserer Stadt«. Eine Feststellung, der sich sehr konkrete Forderungen anschließen. 1992 demonstrierten 20.000 Menschen mit Unterstützung der Bürgermeister und des Rates gegen Rassismus.

Aber es gab auch Kritikwürdiges: Erst nach massivem Protest von lokalen Flüchtlingsorganisationen und wenigen LokalpolitikerInnen wurden 4 menschenunwürdige Flüchtlingsunterkünfte geschlossen. Hieran wird beispielhaft deutlich, welch wichtige Bedeutung die »political incorrectness« von Bürgern hat, wenn Stadt und Verwaltung versagen.

3. Der Blick in die Vergangenheit

»Man kann alten Dreck nicht vergraben – er fängt immer wieder an zu stinken«, dies sagte Remarque 1962 in einem Gespräch zu Heinz Liepmann.

Nach den ersten Jahren der üblichen Verdrängung hat Osnabrück die Zeit des Nationalsozialismus als ihre eigene Geschichte begriffen und sich damit auseinander gesetzt. Bürgerinnen und Bürger erforschten das Leben von Mitbürgern, die von den Nazis geächtet, verfolgt und ermordet wurden.

Beispielhaft dafür standen Werk und Schicksal von Erich Maria Remarque und dem in Auschwitz ermordeten Maler Felix Nussbaum – beide ehemalige Bürger unserer Stadt. Aber auch das Buch *Stationen auf den Weg nach Auschwitz*, das das Schicksal der ermordeten Osnabrücker Juden und die Verstrickung der Stadt und ihrer Bürger schonungslos aufzeigt. Die Stadt lud über mehrere Jahre die überlebenden jüdischen Mitbürger zu Versöhnungstreffen ein, das Leid der vielen Zwangsarbeiter wurde erforscht. Es entstanden Gedenkorte, u.a.:

- Gedenktafeln am Marktplatz für die ermordeten jüdischen Mitbürger und Sinti und Roma.
- Ein Mahnmal an der Stelle der ehemaligen Synagoge, die unter Beteiligung vieler Osnabrücker 1938 in Flammen aufging.
- Ausstellungsorte im Osnabrücker Schloss, wo Nazigegner inhaftiert und gefoltert wurden, und im Augustaschacht, wo Zwangsarbeiter interniert waren.
- Die Verlegung von Stolpersteinen vor den Wohnhäusern der ermordeten Osnabrücker Juden und Nazigegner.
- Besonders hervorzuheben sind das Nussbaumhaus von Daniel Libeskind, das die Sammlung der Nussbaumbilder präsentiert, sowie das Remarque-Friedens-

zentrum, das Remarques Leben und Werk in einer ständigen Ausstellung zeigt, ergänzt durch wechselnde Ausstellungen zum Thema Krieg und Verfolgung. Dies alles wird vorangetrieben durch engagierte Bürger, die sich in der Remarque- und Nussbaumgesellschaft und anderen politischen Vereinen zusammengeschlossen haben, wohl wissend, dass Rat und Verwaltung ihrer Ideen, ihres Engagement, vor allem aber ihrer Kritik dringend bedürfen.

Aber auch hier gibt es Kritikwürdiges. So konnte das Elternhaus von Felix Nussbaum, letztes Zeugnis jüdischer Wohn- und Lebenskultur in Osnabrück, nicht erworben werden, weil dies eine konservative Ratsmehrheit verhinderte.

Die Gedenkkultur geht vor allem auf Bürgerengagement zurück, die aber von der Stadt mitgetragen wird.

Dazu gehört die Gestaltung des 9. Novembers durch Jugendliche, wobei jeweils eine Schule die Gestaltung übernimmt. Damit ist dieser Tag, der bis vor einigen Jahren als Pflichtveranstaltung angesehen wurde, inzwischen zu einem lebendig gestalteten Gedenktag für Hunderte von Jugendlichen geworden.

Der 1. September wurde im Jahr 2008 auf Initiative der Remarque-Gesellschaft und des DGB von vielen Jugendlichen als eindrucksvoller Antikriegstag gestaltet. Dieser Antikriegstag wird in den kommenden Jahren weiter geführt werden.

4. Wegbereiter der Osnabrücker Friedenskultur

Wegbereiter der Osnabrücker Friedenskultur waren vor allem die sozialen und politischen Bewegungen der 1980er und 1990er Jahre,

- Die Osnabrücker Friedensinitiative,
- Die Felix-Nussbaum- und die Erich-Maria-Remarque-Gesellschaft,
- später die Initiative für Hans Calmeyer, einen Osnabrücker Rechtsanwalt, der viele Juden vor dem Tod rettete und 1992 als einziger Deutscher von der Jerusalemer Gedenkstätte »Yad Vashem« ausgezeichnet wurde,
- das Bündnis »Miteinander Leben« gegen Ausländerfeindlichkeit,
- der Verein »Exil« und die Initiativen Augustaschacht und Gestapokeller Schloss, um nur einige zu nennen.

5. Die 5 Säulen der Friedenskultur der Stadt Osnabrück

5 Säulen der Friedenskultur gingen in den 1990er Jahren aus diesem Engagement hervor:

Das Erich Maria Remarque-Friedenszentrum
1983 begannen unter Tilman Westphalen und seinen Mitarbeitern intensive Forschungen zum Werk Remarques. 1996 wurde das von Stadt und Universität gemeinsam betriebene Remarque-Friedenszentrum eröffnet, das die Dauerausstellung sowie das Remarque-Archiv mit der Forschungsstelle Krieg und Literatur beherbergt. Hier werden Wechselausstellungen zum Thema Krieg und Verfolgung gezeigt und Unterrichtseinheiten und Lehrerfortbildungen, Material und Beratung für Schulen angeboten.

Der Erich-Maria-Remarque-Friedenspreis
Seit 1991 vergibt Osnabrück alle 2 Jahre den Erich-Maria-Remarque-Friedenspreis an Verfasser von belletristischen, journalistischen und wissenschaftlichen Arbeiten. Unter den Preisträgern sind: Lev Kopelev, Hans Magnus Enzensberger, Uri Avnery, Mahmud Darwisch und Leoluca Orlando.

Vor allem engagierte Bürger waren es, die unter großem Einsatz und vielerlei Anfeindungen – eigentlich mochten die Osnabrücker Remarque nämlich nicht – dies alles vorwärts getrieben haben und den Osnabrückern Remarque und damit das Zentrum ihrer Friedenspolitik erschlossen haben.

Das Felix-Nussbaum Haus
1998 wurde auf Grund bürgerschaftlicher Initiative das Felix-Nussbaum Haus von dem Architekten Daniel Libeskind errichtet. Es zeigt das Werk Nussbaums und erhebt mit Gebäude, Werk und Veranstaltungen den Anspruch der Mahnung gegen Verfolgung, Intoleranz und Menschenrechtsverletzungen.

Die Osnabrücker Friedensgespräche
Sei 1986 gibt es im Rathaus Vorträge und Podiumsgespräche mit Referenten aus Wissenschaft, Politik, Publizistik und Kultur zu global relevanten Themen. Ein Wissenschaftlicher Rat aus Mitgliedern der Universität entwickelt und verantwortet das Programm. Diese Gespräche sind Forum für ein breites Publikum, mit dem friedensrelevante Themen erörtert werden.

Der Osnabrücker Friedenstag
Alljährlich am 25. Oktober reiten die Osnabrücker Kinder aus den 4. Klassen

als Steckenpferdreiter über die Rathaustreppe, belohnt vom Oberbürgermeister mit einer Zuckerbretzel. Sie erinnern an den Friedensschluss von 1648, mit dem sie sich vorher in der Schule beschäftigt haben, und setzen ein Zeichen für den Frieden. Ein großes Stadtfest, an dem viele Tausend Osnabrücker teilnehmen.

Koordiniert wird die Friedensarbeit in Osnabrück vom Büro Friedenskultur der Stadt, das Schnittstelle ist zwischen Politik und Verwaltung und den Bürgern. Dieses Friedenskulturbüro ist Teil der Stadtverwaltung – eine für Kommunen einmalige Einrichtung.

6. Das Jahr des Friedens: 1998, 350 Jahre Westfälischer Friede

1998 begingen Osnabrück und Münster das 350jährige Jubiläum des Westfälischen Friedensschlusses von 1648. Alle gesellschaftlich relevanten Gruppen der Stadt Osnabrück gestalteten ein Jahresprogramm, das die Friedenskultur der Stadt dokumentierte.

Neben einer großen Europaratsausstellng zur politischen Bedeutung des Westfälischen Friedens fanden u.a. eine Menschenrechtskonferenz mit dem Dalai Lama, ein Anitikriegskongress, eine Konferenz zur pazifistischen Rolle der Frauen und 4 Symposien zur Verständigung der Weltreligionen als Voraussetzung für eine internationale Friedenssicherung statt.

In Zusammenarbeit vom Aktionszentrum 3, Welt und terre des hommes wurde eine internationale Konferenz zur Kinderrechtskonvention mit dem Titel »Kids 4 peace« durchgeführt, an der Kinderdelegationen aus aller Welt teilnahmen.

7. Das Handlungskonzept zur Förderung der Friedenskultur 2000

Im Jahr 2000 entwickelten über 70 Gruppierungen aus der Osnabrücker Bürgerschaft ein Handlungskonzept zur Friedensförderung, das folgende Leitlinien für die künftige Friedensarbeit formulierte:

- Förderung einer Kultur der Toleranz und Konfliktfähigkeit
- Ökologische Ressourcenverantwortung und
- Ausgleich der Disparität zwischen armen und reichen Ländern

8. Gegenwärtige Friedenspolitik
8.1 Toleranz als Städtische Lebensqualität

Heute leben in Osnabrück Menschen aus mehr als 140 Nationen. Das Zusammenleben ist nicht frei von Konflikten. Entscheidend ist, wie Konflikte gelöst und konstruktiv genutzt werden. Die Stadt hat ein interkulturelles Kompetenzzentrum eingerichtet, um die Bürger der Stadt an dem Konzept der Toleranz zu beteiligen:

- Alle städtischen Fachdienste, 250 Busfahrer und Teile des Dienstleistungssektors wurden im Umgang mit fremden Kulturen geschult. Ein Beispiel: In den städtischen Kliniken ging es um Medikamentenabgabe im Ramadan oder Geburtshilfe für Jüdinnen.
- Das bundesweit erste Modell von Mentoring von Migranten wurde eingerichtet. Es hat zum Ziel, Migranten beruflich zu qualifizieren und Aufstiegschancen in Führungspositionen der Stadt Osnabrück zu eröffnen.
- An einem »Runden Tisch Religionen« setzen sich Vertreter aller in Osnabrück vertretenen Religionen zusammen, um sich untereinander zu verständigen.
- In jedem Jahr finden in Osnabrück die Schwulen-Kulturtage »Gay in May« statt, die im Friedenssaal eröffnet werden. In ihrem Rahmen wird der »Rosa Courage-Preis« für engagierte Schwulen- und Lesbenarbeit verliehen.

Alle diese Maßnahmen sowie die bereits beschriebene Erinnerungskultur haben dazu beigetragen, dass offener Rechtsradikalismus in Osnabrück keine Chance hat.

8.2 Friedenskunst im öffentlichen Raum der Stadt

»[...] ich war, was ich bis heute noch bin. Ein militanter Pazifist«, sagt Remarque 1962.

Vor 2000 Jahren wurde in der Nähe von Osnabrück die Varusschlacht geschlagen. Dieses Datum nahm der Künstler Volker Johannes Trieb zum Anlass, 25 stählerne Stelen in der Innenstadt aufzustellen. Sie sind unübersehbare Appelle gegen die Unmenschlichkeit des Krieges – ein Gemeinschaftsprojekt der Stadt, des Künstlers und der Remarque-Gesellschaft und 25 Wirtschaftsunternehmen aus der Region.

Da wird z.B. das Zitat von Horaz »Süß und ehrenvoll ist es, für das Vaterland zu sterben« der Frage »Wann wird zum Mord, was man sonst Heldentum nennt?« von Remarque gegenüber gestellt. Und aus einer Jubelfeier werden »2000 Jahre Schlachten«.

Seit kurzem finden sich acht Tafeln mit den wichtigsten Artikeln der »Allgemeinen Erklärung der Menschenrechte« am Markt.

Bisher fehlt in der Geburtsstadt Remarques ein Antikriegsmahnmal. Darüber nachzudenken, ist eine der nächsten Aufgaben.

Der künstlerische Protest gegen die »Kultur des Tötens« und das »heroische Sterben« im öffentlichen Raum ist unverzichtbar, weil es so von vielen Menschen wahrgenommen wird und die Stadt sich öffentlich zu ihrem Friedensanspruch bekennt.

8.3 Friedenspolitik mit globalem Anspruch

Vor allem das Aktionszentrum 3.Welt, unterstützt von terre des hommes, will mit seiner Arbeit das Bewusstsein für die Zusammenhänge zwischen Industrieländern und den sog. Entwicklungsländern schärfen. Das bedeutet z.B.: Überprüfung politischer Entscheidungen auf ihre Nachhaltigkeit auf lokaler wie globaler Ebene.

- Es entwickelte eine Freundschaftsbeziehung zu der kurdischen Stadt Lice, durch die die katastrophalen Lebensbedingungen in Lice öffentlich gemacht wurden. Diese kontinuierliche Entwicklungszusammenarbeit gibt der Bevölkerung Lices Sicherheit, da Menschenrechtsverletzungen mit erhöhter Aufmerksamkeit im Ausland verfolgt werden.
- Schulpartnerschaften mit Schulen in 2 Townships in Kapstadt, die sich durch hohe Arbeitslosigkeit und hohes Gewaltpotential auszeichnen, sind der 2. Schwerpunkt. Kooperationspartner vor Ort ist die NGO »Molo Songololo«, die intensiv mit terre des hommes zusammenarbeitet.
- Das Kooperationsprojekt »Lernen statt schuften« der Stadt Osnabrück und terre des hommes hat über Jahre der gleichen Zahl von Kindern in Afrika den Schulbesuch ermöglicht, wie Kinder in Osnabrück eingeschult wurden.
- 2003 bildeten 40.000 Menschen als Protest gegen den Irakkrieg eine 55 km lange Friedenskette zwischen Osnabrück und Münster.
- Das Afrikafestival sowie das Morgenlandfestival präsentieren in Ausstellungen und Veranstaltungen Kultur und Lebensart anderer Länder. Inzwischen gibt es einen lebendigen Austausch zwischen dem Osnabrücker und dem Teheraner Symphonieorchester. Im Oktober 2008 führten Musiker beider Städte im Osnabrücker Dom gemeinsam die *Johannespassion* auf.

- Das Europäische Bodenbündnis hat seinen Sitz in Osnabrück. Auslöser war die vorbildhafte Bürgerbeteiligung an der Bodensanierung von einem Stadtteil.
- Globales Lernen, Toleranz und Konfliktlösungsstrategien sind Schwerpunkte vieler Schulen in Osnabrück, was ihre Programme deutlich machen:
- Es gibt eine UNESCO - Schule, eine Schule gegen Rassismus, Europaschulen, Eine Remarque- und eine Nussbaumschule.

9. Zukunftsperspektiven

Soll der Friedensanspruch kein leeres Wortgeklingel sein, muss er dort verankert werden, wo die Menschen leben, in ihrer Stadt, ihrem Erfahrungsbereich. Damit wird Friede Teil ihrer Existenz.

- Kritische Bürger müssen protestieren, wenn der Gedanke des Friedens zu Werbezwecken verkommt, als da sind: Friedensbrot, Friedenswein, Friedens-T-Shirts, Friedensbier, Friedenstelefonkarte und Friedenskrawatten - eine kleine Auswahl dessen, was findige Geschäftsleute, aber auch die Stadt selbst anbieten.
- Die Städtepartnerschaften müssen neu überdacht werden, um sich den Herausforderungen der Zukunft zu stellen. Sie dürfen nicht zu reinen Wirtschaftinteressensträgern verkommen. Es gibt zwar eine Partnerschaft mit einer türkischen Stadt, nicht jedoch kam dies für das kurdische Lice zustande - trotz intensiver Bemühungen aus der Bürgerschaft.
- Bürgerforen und Bürgerbeteiligung bedürfen einer nachvollziehbaren Umsetzung, damit Bürgerbeteiligung keine Worthülse bleibt und nicht allein dem Renommee von Politikern dient.
- Eine zerstörerische Einsparpolitik im Kulturbereich darf nicht hingenommen werden - ein für Kommunen typisches Verhalten, weil Kultur nicht zu den kommunalen Pflichtaufgaben gehört - denn:
- Der Kulturhaushalt ist ein »schützenswertes Gut«:
- Kultur fördert die Identifikation der Bürger mit ihrer Stadt
- Sie macht eine Stadt lebendig. Die Vielschichtigkeit, die Vorausgestaltung von Zukunftsentwürfen, jene Phantasie, die sich nicht an das Gewohnte anpassen will, Kunst, die der einsträngigen »Wahrheit« die »künstlerische Unwahrheit« entgegenhält, die den Umgang mit dem Fremden thematisiert, ist kein Einsparobjekt.
- Kulturinitiativen und Arbeit freier Kulturträger einzusparen, ist eine Todsünde, weil Politiker mit Bürgerengagement leichtfertig umgehen. Was einmal zerstört wurde, lässt sich nur mühsam oder nie wieder aufbauen.

- Osnabrück hat nur eine Zeitung mit Meinungsmonopol. Deshalb ist Gegenöffentlichkeit unverzichtbar. Hier ist Bürgerengagement gefragt. Dies ist eine der dringenden Zukunftsaufgaben.

Die Stadt Osnabrück darf stolz sein auf ihre Friedensarbeit, nicht aber darf sie den Frieden verniedlichen. Friede ist kein Werbeträger im herkömmlichen Sinn, Friede verlangt höchste Anstrengung und Aufmerksamkeit.

»Deshalb heißt es, wachsam zu sein. Und es ist besser, zu früh wachsam zu sein als zu spät«, forderte Remarque 1956 und im gleichen Jahr leitete er seinen Roman *Der schwarze Obelisk* mit den Worten ein: »Nie ist mehr [über den Frieden] geredet und nie weniger dafür getan worden als in unserer Zeit.«

Zu dieser Wachsamkeit gehören Bürger, die politisch unkorrekt handeln, wo dies nötig ist und wo die Politik korrigiert werden muss.

Z.B. mit der »Osnabrücker Erklärung Krieg ist Terror – Terror ist Krieg« zum Israel-Palästinenserkonflikt, die der Rat der Stadt nicht unterschreibt, weil er »political correct« bleiben will, anstatt hier mutig als Friedensstadt ein Zeichen zu setzen.

»Osnabrücker Veto«
Deshalb schlägt die Remarque-Gesellschaft ein »Osnabrücker Veto« vor, das bei Ereignissen, die den Weltfrieden gefährden, eingesetzt wird. Eine Protestform, die leicht von vielen Bürgern umgesetzt werden kann und von Osnabrück über Internet in andere Kommunen im In-und Ausland ausgestrahlt werden wird, die sich dieser Protestform anschließen, damit sie in der Welt Gehör findet – eine Form von Protest, die einer selbstbewussten Zivilgesellschaft entspricht, die sich nicht mehr fremd bestimmen lässt, sondern den Frieden selbst in die Hand nimmt. Daran arbeitet die Remarque-Gesellschaft gegenwärtig.
Mit einem Wort Remarques möchte ich schließen: »Man muss an die Zukunft glauben, an eine bessere Zukunft. Die Welt will Frieden«.

Winfried Nachtwei, Ellen Rohlfs, Jürgen Rose, Dirk Sager
und Eckart Spoo (Moderation)

Abschlusspodium (Osnabrücker Rathaus, 02.11.2008)

Spoo: Remarque hat einmal in einem Interview gesagt: »Ich dachte immer, jeder Mensch sei gegen den Krieg, bis ich herausfand, dass es welche gibt, die dafür sind. Besonders die, die nicht ganz vorn stehen müssen, die nicht hinein gehen.« Wir haben uns auf dieser Tagung über den Frieden und unsere Verantwortung für den Frieden unterhalten und wissen doch, dass es auch Interessen für den Krieg gibt. Ossietzky sagte: »Der Krieg ist ein besseres Geschäft als der Friede. Ich habe auch noch niemanden gekannt, der sich aus Geldgier für die Erhaltung des Friedens engagiert hätte. Die Kanaille hat von eh und je auf Krieg spekuliert.« Ich denke bei allem was wir über Frieden wissen, sollten wir das auch im Hinterkopf behalten, dass es da Interessen gibt am Krieg, und vielleicht gelingt es uns ja auch, sie etwas besser zu benennen, um uns dann intensiver mit ihnen auseinandersetzen zu können.

Auf der Tagung haben wir uns unter anderem mit dem aktuellen Afghanistan-Konflikt beschäftigt. Auf dem Podium sitzt ein Soldat. Und vielleicht könnte er zu Beginn etwas zur konkreten Intervention, an der Deutschland beteiligt ist, sagen. Was hat diese Intervention bisher gebracht? Und welche Perspektive hat dieser Krieg? Und nach dem Soldat Rose können wir auch den Politiker Nachtwei hören.

Rose: Ich bin Soldat, spreche aber nicht im Auftrag des Bundesministers für Verteidigung, sondern mehr in der Funktion des Vorstandsmitglieds des Darmstädter Kreises, dem ich angehöre. Das ist eine Vereinigung kritischer Offiziere und Unteroffiziere innerhalb der Bundeswehr. Ich werde also nur meine persönlichen Anschauungen hier zur Kenntnis geben.

Was die Interessenlage betrifft: es gibt einen englischen Diplomaten, dessen Namen ich momentan nicht verrate, der mal sagte zu den glorreichen Zeiten des

Britischen Empires: »Staaten haben keine Freunde, Staaten haben Interessen.« Und das wurde dann von der realistischen Schule der Politik noch mal auf den Punkt gebracht. Und da bin ich dann auch schon bei Afghanistan. Ich habe das ja auch schon während der Tagung erwähnt, und weil ja auch Herr Daxner fragte, wo die Dokumente seien, habe ich mal was mitgebracht: eine Kopie des Interviews, das Brzezinski im *Observateur* 1998 gegeben hat, und das ist eigentlich der Grund, warum wir heute in Afghanistan sind. Man darf das nicht vergessen, dass in der Geschichte so etwas länger dauert. Also dass es auch im Vorhinein schon eine Geschichte in Afghanistan gegeben hat. Und Brzezinski wurde befragt über seine Rolle und über den Umstand, dass er als Sicherheitsberater, als National Security Advisor des Präsidenten Jimmy Carter im Juni 1979 ein Memo abgegeben hatte. Er hatte Carter vorgeschlagen, die Russen in die afghanische Falle zu locken. Und das wurde1998 gefragt, also 19 Jahre später; auch im Lichte des Wissens, was in Afghanistan passiert mit Millionen Toten. Und er wurde gefragt, ob er das bereuen würde, was er dort ausgelöst hat. Und er sagte: »Was soll ich bereuen? Diese Geheimoperation war eine gute Idee. Im Effekt hat sie die Russen in die afghanische Falle gelockt, und ich soll das bereuen? Wir haben jetzt die Chance der UdSSR ihren Vietnam-Krieg zu bereiten, habe ich Präsident Carter erklärt, als die Sowjets die Grenze überschritten.« Und dann kam die Nachfrage, ob er auch nicht bereue, die islamischen Fundamentalisten unterstützt zu haben, als die USA zukünftige Terroristen mit Waffen versorgt haben. Antwort: »Was ist das wichtigste für die Weltgeschichte? Die Taliban oder der Zusammenbruch der Sowjetunion?« Das sind die Konsequenzen einer derartigen, von geostrategischen und geoökonomischen imperialen Interessen getriebenen Politik. Und Brzezinski hat das dann auch noch weiter ausgeführt und sehr exemplarisch und ausführlich dargelegt in seinen Büchern und bezeichnet auch die Rolle der Europäer in diesen Büchern sehr konkret. Wir, die Europäer, sind die Vasallen und die Tributpflichtigen, die die Kriege des Imperium americanus gefälligst zu unterstützen haben. Die Art und Weise, wie dieser Krieg von der NATO geführt wird, ist barbarisch. Wir in Europa und Deutschland sollten uns fragen, ob es unser Interesse sein kann, uns daran zu beteiligen oder ob wir endlich die Lehren aus der deutschen und europäischen Geschichte zweier Weltbürgerkriege ziehen wollen, bevor wir uns am dritten weiterhin beteiligen.

Spoo: Bevor Soldaten irgendwo hingehen, müssen Politiker Entscheidungen treffen. In diesem Hause ist vor 360 Jahren der Westfälische Frieden geschlossen worden, das ist das Grundprinzip der Respektierung der Eigenständigkeit der Europäischen Staaten. Nach der Wende 1990 ist viel Hoffnung in der Welt gewesen, dass nun nicht nur der Kalte Krieg vorbei sei, sondern dass der Krieg überhaupt nicht mehr so drohe. Und man hat auch auf den Zustand eines europäischen Friedens hingearbeitet in den Jahren zuvor. Aber wir haben erlebt, dass andere Parolen hochkamen, z.B. jetzt müssten wir als vereinigtes Deutschland Verantwortung übernehmen, erwachsen werden, jetzt müssten wir ›normal‹ werden. Das war damals ein Begriff, der in vielen Politikerreden vorkam. Und tatsächlich kam es dann zu Teilnahmen an Interventionen im Ausland. Die Frage an Nachtwei: Haben diese Interventionen wirklich etwas gebracht für die Menschenrechte, für die sie angeblich unternommen werden? Gibt es ein Primat der Menschenrechtskriege, also z.B. für die Frauen in Afghanistan, das uns zwingt, diese Völkerrechtsprinzipien beiseite zu schieben?

Nachtwei: Nein, diese völkerrechtlichen Prinzipien gelten weiter. Allerdings hat es inzwischen auch die Erfahrung gegeben, dass sich manche Gewaltkonflikte in Staaten so entwickelt haben, dass dort Massen von Menschen in ihrem Leben bedroht wurden und auch ihres Lebens beraubt wurden. Ich nehme jetzt ein anderes Beispiel, von dem viel zu wenig geredet wird, uns aber mindestens genau so auf der Seele brennt wie der Kosovo- oder Jugoslawien-Krieg – nämlich Ruanda. Ruanda, wo vor dem Hintergrund der gescheiterten Somalia-Intervention dann auch die USA nicht eingriffen. Und wo ein General sagte, mit wenigen 1.000 Soldaten hätten wir wohl den Völkermord verhindern können. Das heißt, wir müssen weitere Fragestellungen dazunehmen. Erwachsen, normal werden? Das halte ich für hanebüchen. Als ginge es darum, dass die BRD in den 90er Jahren wieder zu der Art Normalität zurück kehren müsse, die in der Weltgeschichte verbreitet ist. Andererseits aber kam man nicht drum herum, zu erkennen, dass wir in den 90er Jahren mit Problemen internationaler Politik konfrontiert waren, mit denen wir vorher als gespaltenes Land nichts zu tun hatten. Aber andere Länder hatten seit Jahrzehnten zu tun mit der Herausforderung der UN-Friedenssicherung. Diese Aufgabe stellte sich. Aber die Frage, ob die Teilnahme an einer UN-Friedenssicherung in der Regel unter Zustimmung der Konfliktparteien geschieht oder ob man dies eher unter dem Begriff Intervention fassen kann, da habe ich meine Zweifel. Meiner Meinung nach ist das eher eine Ergänzung der territorialen Integrität, aber ich hoffe nicht, dass das dann als Umschwungversuch verstanden wird. Primat von Menschenrechtskriegen auf keinen Fall. »Humanitäre Intervention«, diesen Begriff finde ich auch unmöglich. Im äußersten Fall kann es eine Intervention geben, die humanitär begründet wird. Aber Intervention bedeutet ja auch den Einsatz kriegerischer Gewalt. Und sowas kann nie humanitär sein. Also wenn Einsatz kriegerischer Gewalt, dann keine Verkleisterung. Er kann nicht ganz ausgeschlossen werden, auch im Rahmen des Völkerrechts, aber humanitär ist er dadurch nicht.

Haben die Interventionen insgesamt was gebracht? Der Kosovo-Jugoslawien-Luftkrieg ist bis heute äußerst umstritten. Die ersten Ziele, Verhinderung einer humanitären Katastrophe, sind noch nicht erreicht. Die humanitäre Katastrophe nahm damit erst Fahrt auf. Ein anderer Einsatz in Mazedonien 2001, Unterstützung für den politischen Friedensprozess, war eindeutig erfolgreich. Im Jahre 2001 wurde in Mazedonien ein beginnender Bürgerkrieg eindeutig verhindert. Drittes Beispiel, die kleine EU-Truppe 2003 im Nord-Ost-Kongo, wo die Auffassung besteht, dass damit eine völkermörderische Aktion verhindert worden sei. Heute morgen habe ich schon etwas zu Afghanistan gesagt: Bis 2005 eindeutig positiv, danach eher rückläufig.

Spoo: Ich möchte an einer Stelle noch mal nachfragen. Es ist ja jetzt grade 10 Jahre her, dass der Bombenkrieg gegen Jugoslawien geführt wurde. Meines Erachtens höchste Zeit, da einiges aufzuarbeiten. Und was nach meinem Eindruck völlig unaufgearbeitet ist, ist, dass die ganz große Mehrheit der deutschen Bevölkerung völlig fehlinformiert ist über die ganze Situation dort. Ich knüpfe an die Bemerkung, dass vielleicht gar nicht das bewirkt wurde, was bewirkt werden sollte, dass die humanitäre Katastrophe vielleicht auch erst durch die Luftangriffe anfing. Ich habe mich mit Soldaten aus dem Gebiet der deutschen Besatzungszone unterhalten und man teilte mir mit, dass es dort nun ganz ruhig wäre, denn es gäbe dort keine Serben mehr. Also ist die ethnische Säuberung perfekt. Und mich hat es bei dieser Feststellung gegraust. Wie könnte das aufgearbeitet werden, was da geschehen ist?

Nachtwei: Danke für diese Feststellung. Sie trifft tatsächlich zu. Allerdings muss ich zugleich auch feststellen, dass wir von der Fraktion, ich persönlich auch, uns ab 1999 um diese Aufarbeitung bemüht haben. Allerdings haben wir bei der eigenen Regierung auch festgestellt, dass es ein Interesse an einer unmittelbaren Aufarbeitung nicht gab, angefangen auch beim eigenen Minister, beim Außenminister. Und im Rahmen des Verteidigungsministeriums hat es nur eine sehr hanebüchene Aufarbeitung gegeben. Diese Initiativen von Seiten der Fraktion sind dann nach dem 11. September erst mal zurückgedrängt worden, aber wir haben vor kurzem unsere friedens- und sicherheitspolitische Kommission abgeschlossen und da haben wir als erste Partei der Mitverantwortlichen versucht, das selbstkritisch zu verarbeiten. Damals war mein Vorschlag im Jahre 2000/2001: unabhängige Kommission. Das wäre das Notwendige gewesen.

Spoo: Es gab ja nie Begeisterung in der deutschen Bevölkerung für diese Interventionen. Aber es gab doch eine Vorbereitung solcher Interventionen, die zumindest dazu geführt hat, dass das Volk stillgehalten hat. Und ich denke, dabei hat das Erzeugen von Feindbildern eine große Rolle gespielt. Auch im Konflikt um Jugoslawien. Milosevic war damals jeden Tag negativ in den Zeitungen. Das heißt, mit der anderen Seite redet man nicht, sie wird mundtot gemacht.

Ich erinnere mich an ein Beispiel: Vor dem Krieg im Irak hat der Westdeutsche Rundfunk ein Team entsandt mit dem Arbeitsauftrag, dem Feind ein Gesicht zu geben. Das Team ist aber nicht über die Grenze des Iraks hinaus gekommen, sondern musste auf der iranischen Seite bleiben, nicht weil Saddam Hussein sie nicht rein lassen wollte, sondern weil die ARD sie zurückrief und meinte, das sei jetzt nicht der richtige Zeitpunkt und nicht im Interesse der ARD, dass solch ein Film gemacht werde. Ich meine, hier kommt wieder die Verantwortung der Medien ins Spiel und ich möchte das noch mal ausdrücklich ansprechen: Was können wir tun, was müssen die Medien tun, grade in solchen Situationen vor den Kriegen? Das ist noch wichtiger als die Berichterstattung über die Kriege. Wie kann man vielleicht etwas in Gang setzen, dass vielleicht so ein Mechanismus nicht funktioniert, dass die andere Seite verteufelt wird, dass sie gesichtslos gemacht wird? Wie können wir Verständnis fördern, indem wir beide Seiten zu Wort kommen ließen?

Sager: Also zunächst empfinde ich da einen Hauch von Skepsis, wenn wir diese ganzen Konfliktherde so aneinander rücken und wenn man genau hin guckt, sind sie ja nicht alle vergleichbar. Wir müssen uns vor schematischen Urteilen aus der Entfernung in Acht nehmen. Ich bekenne mich sehr wohl der Vorbereitung der Intervention schuldig. Ich bin in den letzten 20 Jahren mehrfach in Afghanistan gewesen. Die letzten Male bin ich natürlich nur bei der Nordallianz gewesen. Und der anderen Seite – in diesem Fall den Taliban – ein Gesicht zu geben, gelang mir nie. Schon allein weil das nicht die Art von System ist, wo ich gern illegal gearbeitet hätte. Dort bei der Nordallianz aber fanden sich schließlich auch viele gute Gründe, die die UN-Resolution, eine Intervention zu machen, gestützt haben. Und zwar Gründe, die uns zutiefst beschämen. Und die westliche Welt. Denn wir haben zugesehen, wie das Land nach dem Abzug der Sowjetunion in vollständiges Chaos gestürzt ist. Das hat uns nicht geschert. Wir waren nur Zeugen, wie sie sich mit den amerikanischen Waffen gegenseitig umgebracht haben. Und wir haben diese Nordallianz nicht unterstützt, die sich auf eine Provinz zurückgezogen hat. Und wir haben vor allem diese Flüchtlingslager – diese Leute die aus den Taliban-Regionen nach Norden geflüchtet sind – wirklich in ihrem Elend leben lassen. Das hat uns überhaupt nicht interessiert, bis sie auf einmal – Fluch oder Glück – ins Augenmerk der Weltöffentlichkeit getreten sind. Ich fand das ehrlich gesagt toll, weil auf einmal das Land und die gequälten

Menschen in diesem Land nicht mehr allein waren, und ich fand, bei aller Unangemessenheit der amerikanischen Kriegführung diesem Land eine Chance zu geben war eine gute Idee. Und ich finde es durch und durch gerechtfertigt, dass wir versucht haben, dort die Weichen zu stellen. Was ich beklage ist, dass wir den Frieden danach verloren haben. Es gab diese riesige Konferenz, mit der sich die Deutschen gebrüstet haben auf dem Petersberg, auf der die Weichen für die Zukunft des Landes gestellt werden sollten, aber richtig intensiv hat man sich mit dem Land nicht beschäftigt. Trotz vieler Zeitungsartikel, die sich in sehr vielfältiger Weise dem Land zugewandt haben. Wenn ich das erzähle, dann wird daraus deutlich, dass für Journalisten ein subjektiver Faktor eine Rolle spielt. Ich sehe, wenn ich dort in Nordafghanistan bin, dass die Menschen in schrecklicher Not sind. Und ich sehe sie als Opfer eines Unrechtsregimes. Abhängig von Al Quaida und dergleichen. Ich sah mich völlig außer Stande, die Not dieser Menschen nicht wahrzunehmen. Und ich hatte natürlich die Hoffnung, dass Kabul wieder eine Stadt wird, wie sie einmal war. Es war eine großartige orientalische Stadt in der Königszeit.

Um wieder auf die allgemeine Ebene zurück zu kommen, wir können nur genau hinsehen. Und es gibt natürlich Situationen, in denen es sehr schwer wird, genau hinzusehen, weil – obwohl keiner dabei ist – Berichte kommen von Massenerschießungen, die, wenn sie denn so geschehen sind, man als Journalist nicht einfach abhaken kann. Wir können die Politiker nicht ihrer Verantwortung entheben. Wir können nur die Menschen zeigen. Wir sollten nicht in der Rolle des wie auch immer verhafteten Kriegstreibers sein. Aber für mich ist ein Konflikt, bei dem eine Chance besteht, dass die unglückliche Geschichte eines Landes mit dem Segen der Vereinten Nationen aufgearbeitet wird, kein Verbrechen.

ROSE: Es macht mich einigermaßen fassungslos, das zu hören. Es reicht nicht, bei den Menschen alleine zu sein. Die UNO hat in keiner einzigen Resolution den Auftrag erteilt, das Taliban-Regime zu beseitigen. Regime change war nicht von der UNO mandatiert. Es gibt keine Ermächtigung der USA, in Afghanistan einzumarschieren, um dort das Taliban-Regime zu beseitigen. Ein Regime, das sie selbst erst an die Macht gebracht haben. Das sollten wir nicht vernachlässigen. Die Taliban sind aus der saudischen Welt im Auftrag der USA an die Macht gebracht worden unter der tatkräftigen Unterstützung des USA-Verbündeten Pakistan und des Geheimdienstes ISI. Und die armen Leute im Norden: Da gab es natürlich viele Leute im Norden, die dorthin vertrieben worden waren. Aber da gab es auch Verbrecher. Die verschiedenen Herrscher dort – das waren doch nicht die Opfer der Taliban. Das waren selber Verbrecher, die mit brutalsten Methoden dort Bürgerkriege geführt haben. Die Taliban waren erfolgreich, weil sie natürlich unterstützt worden waren unter anderem auch von den USA. Die USA waren auch die, die diesen Bürgerkrieg erst angefangen haben, indem sie einen gewissen Osama Bin Laden im Auftrag der CIA nach dorthin geschickt und mit Drogengeld unterstützt haben, der dann in der islamischen Welt erst alle anderen Staaten angeworben hat, die dann diesen terroristischen Krieg vom Zaun gebrochen haben sollen. Und als die USA dann in Afghanistan einmarschiert sind, haben sie 50.000 Tote produziert. Das sind doch Dinge, die man nicht außer Acht lassen kann. Ich bestreite nicht, dass heute die ISAF mit einem UNO-Mandat dort ist, aber man kann die Vorgeschichte nicht ausblenden und vor allem darf man nicht die Legende pflanzen, dass sei so alles vom Himmel gefallen, die Westwelt hätte keinen Anteil daran und wir seien jetzt auf einer philantrophischen Mission am Hindukusch. Das ist Legendenbildung.

Spoo: Ich denke es wäre zum Ende unserer Konferenz wichtig, über konkrete Friedensarbeit zu reden und speziell im Konflikt um Palästina.

Rohlfs: Unsere Regierung spricht immer von einer besonderen Beziehung zwischen Israel und Deutschland. Das stimmt, aber nur zu Zweidrittel. Denn es ist eine besondere Dreierbeziehung – Israel, Deutschland und Palästina. Denn die Tragödie, die sich in Israel/Palästina abspielt, vor allem in den palästinensichen Gebieten, ist eine Fortsetzung unserer deutschen Geschichte. Das habe ich immer im Hinterkopf. Ich brauche keinen staatlich verordneten Holocaust-Gedenktag. Für mich ist jeder Tag ein Holocaust-Gedenktag.

Vor 45 Jahren habe ich die ersten Palästinenser kennen gelernt. Das waren für mich Menschen wie Sie und ich und nicht weniger. Er war ein Lehrer an der evangelischen Schule in Bethlehem. Und Bethlehem ist ja für uns Christen ein besonderer Ort. Ich habe mich zunächst um die Situation der Menschen in Bethlehem gekümmert und habe versucht, dieser Schule zu helfen. Zunächst mit Patenschaften. Das waren meine ersten Versuche, den Menschen dort zu helfen, denn die meisten waren Flüchtlinge. Ich war dann auch das erste Mal 1967 dort und ich habe dort noch eine im Grunde biblische Landschaft erlebt. Nicht zu vergleichen mit dem, was es heute ist. Im nächsten Jahr war ich dann in Israel, weil mir klar war, ich musste auch die andere Seite kennen lernen. Und nach und nach bekam ich auch immer mehr Kontakte zur jüdisch-israelischen Seite. Die erste Frau die mir dort durch ein Buch begegnet ist, war Filicia Langer, die Rechtsanwältin. Und als ich etwas später ihr Buch *Die Kinder der Steine* bekam, zunächst auf Arabisch, wollte ich es ins Deutsche übersetzen. Das war meine erste Übersetzung. Mir ist klar geworden, dass ich noch mehr Kontakte haben muss zur israelischen Seite. Nicht nur zu Frau Langer, die ja auch sehr umstritten ist.

Ich holte damals eine israelische Ausstellung in meine Heimatstadt Leer, und da durfte ich jemanden einladen, wo mir niemand anders einfiel als Uri Avnery. Seit dem sind wir auch befreundet. Auf jeder Reise habe ich meine Bekanntschaften auf beiden Seiten erweitern können. Und mir wurde klar durch das, was ich dort erlebt habe: Israelis und Palästinenser sind Menschen auf der gleichen Ebene, mit denen man auf gleicher Augenhöhe reden kann. Auf beiden Seiten gab es Bemühungen um Frieden.

Und mir wurde auch klar, dass man solche Leute wie Felicia Langer oder Uri Avnery, noch besonders ehren muss, damit ihre Arbeit weltweit anerkannt wird. Und mir wurde klar, dass in unseren Medien viel zu wenig über die Tatsachen in Israel und Palästina steht. Deswegen übersetze ich jede Woche mindestens einen Artikel von Uri Avnery und stelle ihn ins Internet. Und ich lese täglich die englischsprachige Version einer israelischen Tageszeitung, wo täglich kritische Berichte drin stehen. Da muss ich sagen, da ist ein Stück Demokratie in Israel. Ich mache das, um unserer Gesellschaft klar zu machen, was da drüben wirklich los ist. Und mir geht es immer um Frieden.

Ich möchte noch einen Satz von Uri Avnery vorlesen: »Beide Völker sind dazu verurteilt, entweder zusammen zu leben oder zusammen zu sterben. Meine Hoffnung ist, dass sie das Leben wählen. Hier die richtige Wahl zu treffen, liegt allerdings in erster Linie auf der israelischen Seite. In ihren Händen liegt die Macht. Ob auch die nötige Geduld und Weitsicht, wäre eine andere Frage.«

SPOO: Ich denke, Frau Ellen Rohlfs zeigt, was ein einzelner Mensch doch machen kann. Und das ist etwas, das wir auf jeden Fall von dieser Tagung mitnehmen sollten. Denn das ist, denke ich, auch der Kern aller Bücher von Erich Maria Remarque, dass er die persönliche Verantwortung der Einzelnen und ihre Möglichkeiten thematisiert. Auch andere Autoren wie z.B. Wolfgang Borchert. Sein »Sag nein« haben hoffentlich viele noch im Kopf. Und zum Nein-sagen gibt es viele Möglichkeiten. Reden, die für den Krieg gehalten werden oder zur Verteufelung der anderen, da kann man immer nein sagen. Tucholsky sagte immer, es gebe nichts Schwierigeres als Nein zu sagen. Dass es besonders schwierig ist, möchte ich verneinen. Ich denke, man kann das üben und durchaus tun und man sieht in unserer Gesellschaft, z.B. heute hier, dass wir auch die Möglichkeit zum Neinsagen haben. Davon sollten wir rege Gebrauch machen.

SAGER: Man weiß nur, was man sieht. Das gilt natürlich auch in der Umkehrung. Man sieht nur, was man weiß – also worauf man sich vorbereitet hat. Ich finde, die Konflikte, die schwierigen Fragen verlangen eines genau: die Zukunft. Das ist vielleicht ein ganz banaler Satz, der für mich am Ende meiner beruflichen Laufbahn steht, wirklich genau hin zu sehen. Denn der Diskurs ist viel zu wichtig, als dass man ihn mit Halbwissen oder manchmal auch mit ein bisschen viel Emotionen betreibt. Das finde ich störend und das kann uns nicht weiter bringen, wenn es um so wichtige Fragen geht.

NACHTWEI: Kritik gegenüber Krieg und Kriegsvorbereitung ist völlig richtig. Zugleich sehe ich in den letzten Jahren und Jahrzehnten die weitere Herausforderung als immer notwendiger an, als ergänzende Notwendigkeit, »guckt hin und tut was«, wenn Menschen katastrophal leiden. Wenn sie im Kongo massenhaft vergewaltigt werden, wenn sie vertrieben werden. Das gehört gleichzeitig dazu, und dann ist es entscheidend, nicht bei einer Militärkritik stehen zu bleiben. Das ist weiterhin sehr wichtig, aber nicht, wie ich das immer wieder erfahren habe, in einer Militärfixiertheit zu bleiben, sondern, was entscheidend ist, nach den Chancen zu schauen, was man gegen diese Menschenrechtsverbrechen in kollektiver Sicht tun kann. Das ist entscheidend. Und in den 70er und 80er Jahren war die Schlüsselkategorie von Friedenspolitik entsprechend anders. Heute ist eine Schlüsselkategorie zum Beispiel Gewalt- und Kriegsprävention.

ROSE: Ich kann mich den Worten von Nachtwei anschließen. Ich bin auch ein strikter Verfechter der Friedensordnung. So stelle ich mir einen überlegten, sinnvollen Gebrauch von Machtpolitik vor, im Sinne des Völkerrechts.

Ja, man weiß nur, was man sieht. Seit 1980 bin ich gemeinsam mit meiner Frau in den Ländern des Nahen und Fernen Ostens unterwegs. Und ich habe da sehr viel gesehen. Auch afghanische Flüchtlingslager in Pakistan z.B. Und uns beiden ist dort ein überschäumendes Maß an Herzlichkeit, an Gastfreundschaft und Wohlwollen entgegen gebracht worden. Ich kann mich nicht an eine einzige Situation entsinnen, wo wir als Besucher aus dem Westen auf Feindseligkeit gestoßen wären. Deswegen habe ich schon vor dem Krieg im Oktober 2001 auf großen Demonstrationen gesagt, dass das nicht mein Krieg ist, der sich da abzeichnete, und dass ich mich daran nicht beteilige, ihn nicht unterstütze und schon gar nicht dafür Propaganda mache. Und was die Form der Auseinandersetzung betrifft, leben wir in diesem Lande leider in einer Art von Wohlfühldiktatur. Der große Georg Lichtenberg sagte mal: »Wenn man die Fackel der Wahrheit durch eine Menschenmenge trägt, kommt man nicht umhin, jemandem den Bart anzusengen.«

Ja, wann wird Mord, was man sonst Heldentum nennt? Aus Sicht des Soldaten dann, wenn er außerhalb von Recht und Gesetz heimtückisch, mit gemeingefährlichen Mitteln und grausam tötet. Und das tut er in Kriegen fast immer. Das sind die Tatbestandsmerkmale des Paragraphen 211 des Strafgesetzbuches. Und der Soldat ist nur dann kein Mörder, wenn er gute Gründe hat, so zu handeln. Und diese Gründe können nur im Völkerrecht und auf der Grundlage der Verfassung sein. Das sehen sogar deutsche Generäle so, zumindest in der jüngeren Vergangenheit. Da forderte z.B. der 4-Sterne-General Klaus Naumann eine Pflicht zum Ungehorsam, wenn der Soldat außerhalb der sittlichen Ordnung gestellt würde. Das ist leider in der Vergangenheit schön öfter passiert, und deshalb wird man als Soldat, wenn man kein Mörder wird, darauf zurückverwiesen zu beurteilen und sich klar zu machen, dass der Primat des Politischen gilt. Aber nur innerhalb von Recht und Gesetz. Und jenseits von Recht und Gesetz gilt der Primat des Gewissens.

SPOO: Es war vorhin kurz die Rede von der Berichterstattung über diese Tagung. Und dass offensichtlich kein Vertreter der Osnabrücker Zeitung teilgenommen hat. Ich denke, diese Tagung hätte es durchaus verdient, wahrgenommen zu werden. Und die Teilnehmer aus Osnabrück, die auf dieses Medium angewiesen sind, sollten ihr Grundrecht der Pressefreiheit, der Informationsfreiheit geltend machen auch in unserem Namen, die wir nicht aus Osnabrück sind, und eine Diskussion in Gang setzen.

Ich möchte zum Schluss dieser Diskussion Frau Rohlfs das Wort geben.

ROHLFS: Das Wort »Information« will ich Ihnen aus dem Mund nehmen, bzw. will dazu noch etwas sagen. Wir stellen alle fest, dass wir nicht genügend oder zu einseitig informiert werden, was Israel und Palästina betrifft. Es gibt eine Menge guter, kritischer Bücher, und bevor wir etwas anderes tun, sollten wir uns informieren. Aber dann, aufgrund dieser Bücher oder meiner Übersetzungen, Leserbriefe schreiben. Das ist das, was Uri Avnery immer wieder sagt. Schreiben Sie auch an unser Auswärtiges Amt, denn ich weiß, dass dort Leute sind, die diese Briefe, wenn sie gut geschrieben sind, wirklich lesen. Ich möchte mit einem Wort schließen, das vielleicht auch schon bekannt ist: »Wenn an vielen kleinen Orten viele kleine Leute viele kleine Schritte tun, dann können sie das Gesicht der Welt verändern.«

WESTPHALEN (als Tagungsleiter aus dem Publikum): Ich möchte noch mal darauf hinweisen, dass wir nicht vorankommen, wenn nicht jeder Einzelne sich die Frage stellt, zahle ich mit meinen Steuern tagtäglich Mordaktionen oder tue ich das nicht? Wenn ich zu dem Ergebnis komme, ich zahle keine Mordaktionen, dann habe ich ein gutes Gewissen. Ich persönlich habe aber ein schlechtes Gewissen. Und ich behaupte jetzt nicht, der Bundeswehreinsatz sei eine Mordaktion. So simpel ist das nicht. Aber, dass die Militärausgaben für Soldaten und Rüstung mindestens das zehn- oder 20fache betragen als die Ausgaben für präventive Friedensmaßnahmen ist völlig klar. Und für mich wäre es entscheidend, wenn in Osnabrück etwas entstünde, was durch Lioba Meyer schon angedeutet wurde, ein Osnabrücker Veto, das z.B. sagt, im Haushalt der BRD jährlich 2–4 % von der Rüstung runter, natürlich mit Verminderung der Truppenstärke, und dies in präventive Friedensmaßnahmen stecken. Und wenn man das 10 Jahre lang macht, hat man vielleicht ein Verhältnis von 20 zu 80, aber immerhin sehr viel besser, als wir es heute haben. Und solange wir uns nicht die Frage stellen: Die Drogen in Afghanistan aufzukaufen ist viel billiger als sie militärisch zu beseitigen, ist das nicht viel. Warum versucht man das nicht?

Wir haben in diesem Remarque-Jahr 2008 versucht, die Menschen zum Denken anzuregen. Überwiegend sind wir bei Veranstaltungen wie dieser im engen Kreis geblieben. Aber wir haben ihn auch durchbrochen. Die Banner, die in der Stadt aufgehängt wurden, haben viele Menschen irritiert, die meinten, das könne man doch so nicht sagen: »Wann wird zum Mord, was man sonst Heldentum nennt?«. Und wir sind wirklich der Meinung, dass Veranstaltungen dieser Art, die ja mit nur ein bisschen Zuschuss zur privaten und eigenen Initiative zustande kommen, dann auch gewürdigt werden. Und an dieser Tagung war nicht nur die Presse nicht dabei, auch die Lokalpolitik war nicht dabei. Bis auf Frau Brigitte Neumann, Vorsitzende des Kulturausschusses der Stadt.

Ein paar Zahlen: Dieses ganze Remarque-Jahr 2008 kostete rund 30.000 € incl. der Tagung. Daran hat die Stadt sich mit 4.500 € beteiligt. Der Rest geht auf Sponsoren, andere Förderer und unsere Eigenmittel. Und warum machen wir das eigentlich dauernd für die, die es eigentlich machen müssten: unsere ›Volksvertreter‹

Transkription Nadja Bengsch.
Redaktionelle Bearbeitung Christina Habbe, Tilman Westphalen

Autorinnen und Autoren dieser Ausgabe

MICHAEL DAXNER, Prof. Dr.; früherer Präsident der Universität Oldenburg; Aufbauarbeit im Kosovo und in Afghanistan; Feuerbachstraße 24–25, D-14471 Potsdam; michael.daxner@uni-oldenburg.de.

SIEGFRIED HUMMEL, apl. Prof.; früherer Kultusdezernent in Osnabrück und München; Libellenweg 9, D–49078 Osnabrück; siegfriedhummel@gmx.de.

IAN KING, Dr.; stellv. Vorsitzender der Kurt-Tucholsky-Gesellschaft und Tucholsky-Experte; 25 Maple Mews, GB–London SW 16 2AL; king@tucholsky-gesellschaft.de.

JOSEPH ANTON KRUSE, Prof. Dr.; Leiter des Heinrich-Heine Instituts, Vorsitzender der Heinrich-Heine-Gesellschaft; Heinrich-Heine-Institut, Bilker Straße 12–14, D–40213 Düsseldorf; joseph.kruse@stadt.duesseldorf.de.

LIOBA MEYER; Vorsitzende der Erich Maria Remarque-Gesellschaft, frühere Bürgermeisterin der Stadt Osnabrück; An der Illoshöhe 9a, D–49078 Osnabrück; lioba.meyer@gmx.de.

WINFRIED NACHTWEI, MdB Bündnis 90/DIE GRÜNEN; Platz der Republik 1, D–11011 Berlin; winfried.nachtwei@bundestag.de.

HEINRICH PLACKE, Dr.; Remarque-Experte; Markt 24, D–49074 Osnabrück; heinrich_placke@web.de.

ELLEN ROHLFS; Friedensaktivistin in Sachen Nahost-Konflikt, ständige Übersetzerin der Beiträge von Uri Avnery/Israel im Internet; Waldkur 41, D–26789 Leer; waldkur@gmx.de.

Jürgen Rose, Dipl.-Päd.; Oberstleutnant der Bundeswehr und Vorstandsmitglied des Arbeitskreises Darmstädter Signal; Rockefellerstraße 48a, D–80937 München; j-rose@t-online.de.

Dirk Sager; Journalist und Russland-Experte; Dianastraße 5, D–14482 Potsdam; d-sager@t-online.de.

Andreas Schäfter; Mitarbeiter des Gernika-Friedenszentrums/Baskenland); Goiko Kalea 7, 3ezk., E–48360 Mundaka; andreasschaefter@gernikagogoratuz.org.

Enne Schmidt, M.A. Politikwissenschaft/Europäische Studien an der Universität Osnabrück; Thadenstraße 14, D–22767 Hamburg; enne_schmidt@web.de.

Eckart Spoo; Journalist, Herausgeber Ossietzky; Pappelallee 28, D–10437 Berlin; espoo@t-online.de.

Tilman Westphalen, Prof. Dr. i.R.; Ehrenvorsitzender der Erich Maria Remarque-Gesellschaft, Remarque-Experte; Fachbereich SLW, Universität Osnabrück, D–49074 Osnabrück; remarque-gesellschaft@web.de.